# おかやまの文化財

## 建築

臼井洋輔

JN156990

吉備人出版

# まえがき

私は小学4年生の時、「将来《しょうらい》何になりたいか」との課題文に、〝だいく（大工）になりたい〟と書いた。後から先生が「あれは『が』が一文字抜《ぬ》けていたんだろう？本当は〝だいがく（大学）へ行きたい〟の間違《まちが》いじゃあないのか」と問い直されました。私は「いえ、大工です」と明確《めいかく》に答えたのを今もはっきり覚えているのです。

運命とは不思議なもので、その様な私が最終的にはどちらも（大工も大学も）引《ひ》き寄《よ》せて、日々立ち向かうことになったのです。文化財《ぶんかざい》を手にとって研究する博物館の学芸員、そして県庁《けんちょう》の文化課で文化財保護行政《ほごぎょうせい》に初めて携《たずさ》わり、博物館では決して扱《あつか》うことがない、何百年も前の寺社建築《けんちく》（大きすぎて博物館には持《も》ち込《こ》めないから）の保護、保存《ほぞん》の最前線で建築が解体《かいたい》されたり、復元《ふくげん》されるその現場《げんば》に立ち会うと常《つね》に、建立《こんりゅう》当時の大工と語り合え、建築技術《ぎじゅつ》に圧倒《あっとう》されながら、自身の無知を知り、無言の教えに感嘆《かんたん》するばかりでした。

文化財の領域《りょういき》も建築で得たものを取《と》り込《こ》むことで一気に広がりました。「岡山《おかやま》に飛《と》び抜《ぬ》けて素晴《すば》らしいものが一杯《いっぱい》ある」ことに改めてわくわくどきどきして驚《おどろ》きました。全てを含《ふく》めて「岡山文化の凄《すご》さ」の源泉《げんせん》は一体何なのであろうか。もし「それ」を知ることができればこれは本当に凄いことかも知れないと、その探求《たんきゅう》に無我夢中《むがむちゅう》になりました。

文化財の対象領域が広がり、人間の営《いとな》みという長い歴史を「時代背景《はいけい》」で捉《とら》え易《やす》くなりました。そして世の中には、変わるものと、変わらないもの、もう一つ、とめどもなく劣化《れっか》するものがあることを知ることとなったのです。そして岡山県の人と文化の凄さだけではなく、時代の境目《さかいめ》がやって来ると必ず日本の歴史のイニシアティブを取っていることにも気付き、なぜそうなったかの理由も掴《つか》むことができました（それが次号第3巻《かん》の中心となるでしょう）。そこで得た鍵《かぎ》を武器《ぶき》にすれば、見えにくいものもほとんどのことが見えやすくなるのだという確信《かくしん》のようなものを探《さぐ》り当《あ》てました。

その後大学から招《まね》かれて、今度は文化財情報学《じょうほうがく》という学問になり、色々な岡山のユニークな文化財の時空を超《こ》えたルーツはどこにあるのであろうかということの好《こう》奇心《きしん》にも火が付き、グローカル（地元のことを大切にした上での国際化《こくさいか》）なフィールドワーカーになりました。

これは文化財にどれだけ情報が詰《つ》まっているかを引き出し、学生に伝えるという私の想《おも》いにピッタリの神聖《しんせい》な仕事でした。知っていることをみんなに、自分の眼《め》で見て、聞いて、確《たし》かめたことをモットーとして話しました。学生たちは目をキラキラさせて聞いてくれました。私のゼミは常に一番人気であったのは、今にして思えばそこにあったと思います。より若い人宛《あ》ての私から託《たく》した手紙として「おかやまの文化財」を読んでもらえたら幸いです。

臼《うす》井《い》洋輔《ようすけ》

## 建築

重要文化財 大橋家２階床裏の贅沢《ぜいたく》な交叉《こうさ》梁《はり》構造（２階を歩いてもきしみ音が出ない工夫なのです）

国宝 閑谷学校講堂

重要文化財 遍照院三重塔木組

県指定 正楽寺山門

## 表紙写真

## 裏表紙

1：吹屋小学校
2：大橋家住宅
3：竪穴式住居
4：吉備津神社
5：閑谷学校
6：長福寺三重塔
7：静円寺多宝塔
8：大滝山三重塔
9：福田海御旅所

# 建築

長福寺 三重塔

# 鶴の棲む草葺民家

つるのすむくさぶきみんか

■備前市吉永町八塔寺

## 高度経済成長による住環境の急速な変化で建て替えられ、短期間で姿を消した草葺民家とゆらいだ日本人の心

草葺《くさぶき》屋根の寿命《じゅみょう》はせいぜい30年、長くて40年です。古来、そのサイクルの中で葺《ふ》き替《か》えを何千年も代々営々《えいえい》と重ねてきました。

その時代にあって、今の時代に少なくなったり無いものとは一体何でしょうか。今あって、少し前の時代の家屋や家庭に無いものとは何でしょうか。

それは時代から時代へ受《う》け継《つ》ぎ、また受《う》け渡《わた》すという、この託《たく》し託されるという、連携《れんけい》と絆《きずな》ではないでしょうか。今の時代は便利さで溢《あふ》れています。当然ながらその豊かさの中で自由を得て、タテもヨコも絆が薄《うす》れています。要するに「何かを得たら何かを失う」ことの意味と、その大きさを知る必要があります。また結束力の無い集団や国家は滅《ほろ》びるという真実を知ることになるのかも知れません。

高度経済《けいざい》成長で、生活をとりまく住環境《かんきょう》が大きく変わり、平均的《へいきんてき》にはずいぶん豊《ゆた》かになりました。しかし日本の近代化と引《ひ》き換《か》えに高齢化《こうれいか》と人口減少《げんしょう》はまず農村に襲《おそ》いかかり、昨今では、日本全体で7軒《けん》に1軒が空き家になるなど、屋根の葺き替えどころではありません。美田もあぜ道も国道沿《ぞ》いも草だらけ。農家には跡継《あとつ》ぎがいなくて農地も施設《しせつ》も放棄《ほうき》が目立ち、村落は崩壊《ほうかい》。そして都会はどうでしょうか。目に見えないところでもっと壊《こわ》れています。

近年は葺き替えする時期を迎《むか》えても、再《ふたた》び草葺にすることは一般住宅《いっぱんじゅうたく》ではほとんどなくなりました。

生活資財的《しざいてき》文化財《ぶんかざい》の中でこれほど一気に跡形《あとかた》もなく消滅《しょうめつ》してしまうものは珍《めずら》しいのです。

人は浮《う》き草《くさ》にならないために、生命と生き方を、次代へ、また日々迷《まよ》

鶴の棲《す》む草葺民家

葺《ふ》き替えしないと
その技術が
受け継がれないよね

わず、そのまた次の時代へと永遠《えいえん》に送り伝えるために「アイデンティティ」を維持《いじ》する義務《ぎむ》を背負《せお》っているのです。それに気づかなければ、どうなるでしょうか。なぜ気づけないのでしょうか。

それは、時代の進むその先端《せんたん》にいるために、自分が最も偉《えら》いと勘違《かんちが》いをしやすく、自分を大きく扱《あつか》えば「自分と過去《かこ》や先人とのつながり」を忘《わす》れ、「伝えることの大切さ」をおろそかにして突《つ》っ走《ぱし》ったり、挙《あ》げ句《く》の果てには今日の日本の社会のように迷《めい》走《そう》の度を増《ま》していかざるを得ないのです。モノが豊かに溢れた生活と引き換えに、心の貧《まず》しさを引《ひ》き込《こ》んでいることは紛《まぎ》れもない事実なのです。

永遠の中の、一時的伝達者として認識《にんしき》する生き方こそ、勘違いせず、的外れでもなく、間違《まちが》いの少ない、節度のある人間ということができます。

考えてみれば節度をもって生き、草葺民家がいっぱいあった頃《ころ》が続いていれば、環境問題はもちろん、学校での登校拒否《きょひ》、陰湿《いんしつ》ないじめ、生徒殺人もなく、田舎《いなか》に子供《こども》はたくさんいたのだから、現在《げんざい》の手の打ちようのない少子高齢化や過疎《かそ》化、年間交通事故死《じこし》より数倍も多く自殺者を出し続け、孤独死《こどくし》もそれ以上存在《そんざい》するこの国の、目に余《あま》る現実《げんじつ》は起こっていなかったかも知れません。

この歪《ひず》みは、草葺屋根が姿《すがた》を消したのとほぼ同時に極《きわ》めて短期間で起こったことを思い起こして欲《ほ》しいのです。人間は生き方を急速には変え

られないのに、便利さの誘惑《ゆうわく》に惑《まど》わされて、変わっていったのです。後からその代償《だいしょう》の大きさを知らされることも知らず……。

極めて分かりやすい真理としての「人間は何かを得たら何かを失う」ということを知る最適《さいてき》のものが、「民家」建築《けんちく》なのです。

子供から大人まで人々の心がいらだつのはなぜでしょうか。それは色々な人や生きるための知恵《ちえ》や支え合うつながりの込められた「地域《ちいき》」をないがしろにしてきて、クッションのような時代とのつながりを失い、方向と伝達が途切《とぎ》れて、他人のことをおもいやる余裕《よゆう》まで失っていったからではないでしょうか。

そればかりか、例えば今、鶴《つる》として生まれた日本人が鷲《わし》になろうともがいているようなものかも知れません。

ずいぶん以前のことですが、偶然《ぐうぜん》のように成田山新勝寺《なりたさんしんしょうじ》（千葉県）の成田学園に立ち寄《よ》ったことがあります。そこの老園長鶴見照碩《つるみしょうせき》様とこたつで話し込んでいた時、彼女《かのじょ》から「日本人は箸《はし》の文化、西欧《せいおう》人はフォークの文化ではないだろうか」と教えられて、ひどく感心したことがあります。

それは食べるときの箸の扱いは鶴、フォークの方は鷲掴《わしづか》みにしてむしりとって食べるのは鷲と同じ食べ方であるということになぞらえたものです。

日本人はその鶴に象徴《しょうちょう》されるように本来優《やさ》しいはずです。ところが現在の日本人はどうでしょうか。世の急速な成長とか変化というものは、色々なところに将来《しょうらい》の崩壊へ向けた歪《ひず》みも同時に忍《しの》ばせているのです。

ここで少し、観察や探求心《たんきゅうしん》をくすぐられて、心豊かな気分になれる草葺民家についてもう少し語っておきましょう。

## 江戸時代より前は穂先が下向きの逆葺

カヤ、藁《わら》、葦《あし》で屋根を葺く際、意外に分かっているようで、もう分からなくなっていることが多いのですが、その中に、今日では根元を下に向けて葺きますが、江戸《えど》時代以前は穂先《ほさき》を下向きに、株元《かぶもと》を上にという逆葺《さかわら》だったのです。

皇室葬礼《こうしつそうれい》の「もがり屋」を新築《しんちく》する時や、伊勢神宮《いせじんぐう》の遷宮《せんぐう》では逆葺方式を踏襲《とうしゅう》していることを見ても、かつて普遍《ふへん》であったものが古式の中に僅《わず》かに残存《ざんぞん》していることは理解できると思います。

中世（鎌倉《かまくら》時代〜桃山《ももやま》時代）の絵《え》巻物《まきもの》に描《えが》かれているものはみな逆葺葺になっています。東南アジアや朝《ちょう》鮮《せん》半島でも草葺の残っている地方に行くと、今なお草葺屋根は逆藁葺です。

日本の草葺屋根は、江戸時代になって、屋根葺用大バサミが発明されてから変わったと日本一の草葺屋根師であった故《こ》長崎芳行《ながさきよしゆき》さんから私《わたし》は生前お聞きし、草葺屋根について興《きょう》味《み》関心を抱《いだ》くようになりました。

## 屋根の南北の寿命を同じにする知恵があった

中でもひどく感心したのは、本当の茅葺職人《かやぶきしょくにん》の知恵です。例えば一軒の家で、日当たりの良い南側の屋根と、じめじめした北側の屋根を平均的に朽《く》ちさせ、トータルに長持ちさせるために、本来なら目立つ場所へ良い材料とベテラン職人を使いたいところですが、しかしそれでは北側の屋根は直《す》ぐ傷《いた》んでしまうのです。目に付かない北側に良い材料と腕《うで》の良い職人を配置して葺くのです。先人は弱い植物性《しょくぶつせい》素材《そざい》をいじらしいほど、懸命《けんめい》に長持ちさせようとしてきたのです。

現代《げんだい》の住宅メーカーが作っているスレートや瓦《かわら》の屋根でさえ、北側はすぐコケが付いて汚《きたな》くなり、劣化《れっか》してしまうのはどこの屋根を見ても歴然です。日本家屋で最も弱い部分は屋根なのです。それも北側は南側の約半分の寿命しかありません。

「わしはわしは」と、前へ前へ光の当たる方へ出る人の多い昨今、長崎さんのような名人は家の南北劣化スピードを平均化して少しでも長持ちさせることこそ第一だと考えているのです。何という職人魂《しょくにんだましい》でしょうか。

こうした先人の英知の詰《つ》まったものでも、草葺屋根は寿命がどうしても短く、風雨にさらされる屋外《おくがい》にあるため朽ち果てて残りにくいのです。そのために、時代が急速に変わっていくと、追憶《ついおく》する媒体《ばいたい》そのものを失いやすいのです。そうなれば比較《ひかく》する物を失い、自分たちの過去《かこ》に対してもすぐには元へもどれなくなってしまうのです。

一般的にそうした過去を持たない不安要因《よういん》が、またよけいに未来志向《しこう》へ突っ走ることへ極度に拍車《はくしゃ》をかけるのです。過去を学んでこそ、先の方向が見えるのです。

実はどれだけ過去へすぐもどれるかが、将来を託し、決するとき一番大切なのです。それができなければ、楽土《らくど》への到達《とうたつ》はとても危《あや》ういのです。

## 過去から未来までを見通せる眼力が必要

少しの過去へもどることの大切さ

は、火縄銃《ひなわじゅう》が人間の眼《め》と、元目当《もとめあ》て（照準《しょうじゅん》）と先目当《さきめあ》て（照星）を一致《いっち》させて、初めて的を射《い》ることが可能だということを考えてもらえれば分かるはずです。

つまり人生は標的（獲物《えもの》という未来）を得るために、先目当ての付いた銃口《じゅうこう》（現在）を獲物に向けて、絶《ぜっ》対《たい》に外れないために元目当てという物理的には一番後ろの（過去）で照準を合わせて、この未来、現在、過去の3点が一直線に結ばれた時、見事射抜《いぬ》けるのと極めて似《に》ています。面白《おもしろ》いのは、最もふらつくのは物理的にも現在（先目当て）なのだということを覚えておいて欲しいのです。

しかしそれだけでは、なお完璧《かんぺき》な名人にはなれません。それは、現実では標的（未来）は動いているのが普通《ふつう》だからです。瞬時《しゅんじ》に予測《よそく》と判断《はんだん》が必要です。神業《かみわざ》の判断は失敗を重ねた経験でしか身につかないのです。未来から過去まで行《い》き交《か》う全てを瞬《しゅん》時《じ》にカバーする眼力《がんりき》が求められます。すなわちコンピューターで調べている暇《ひま》はありません。身体に染《し》みついた世界観や審美眼《しんびがん》といえるものが、不可欠《ふかけつ》なのです。すべてが見通せるために、眼は過去（元目当て）よりさらに後ろに位置しているのだということを決して忘れてはなりません。

そしてどのような複雑《ふくざつ》なものにも動かない原理、原点があるのです。でもそうした真髄《しんずい》は宇宙《うちゅう》を飛《と》び交《か》い視野《しや》が広がる度《たび》に高い精神性《せいしんせい》にまで鍛《きた》えられていきますが、それを見失った時、個人《こじん》も家庭も国家でさえ、そこから漂流《ひょうりゅう》を始めるのです。

## 失ってはいけない家族の絆

どのように外で疲《つか》れていても、その日の内に癒《いや》してくれるのは、ホームベースとして迎えてくれる家だけなのです。翌日《よくじつ》からまたどこへ向かうにしても日々新たな、あらゆる原点も宿しているところが家なのです。

帰る家を見失って、さまよえる者を漂流者といいます。現代は羅針盤《らしんばん》なき漂流の時代かも知れません。一番見失ってはいけないのが本質《ほんしつ》であっても、人は物質的裕福《ゆうふく》さと忙しさと目先の利益《りえき》などからその本質を見失っていくのです。

考えてみれば、裕福でないために残るものは実に多いのです。失いやすい大切な心もそこには残っているのです。

## 近代的な家になり 失われていくものがある

実は日本の民家は欧米《おうべい》の何十倍と

いう勢いで物理的に今取《と》り潰《つぶ》されています。この様な国は他にはありません。こんなに駆《か》け足《あし》で郷土《きょうど》の風土や社会が培《つちか》ってくれた自分の住んでいた家を惜《お》しげもなく失ってしまって大丈夫《だいじょうぶ》でしょうか。

時代遅《おく》れだからといって、あっさり消失させ、結果そのツケを次世代へ残す「良いことだけ」を宣伝《せんでん》した近代的な家に切り替え、家の大黒柱とともにあっさり消失させ、生きるバックボーンまでも失っていく恐《おそ》れはないでしょうか。次々と建て替えられていくプレハブやマンションの中に、先祖代々の汗《あせ》や顔は見えにくいことが何よりも恐ろしいのです。

みんなで取り囲んだ囲炉裏《いろり》から、石油ストーブ、各室冷暖房《れいだんぼう》への移行《いこう》と引き換えに急速に失ってきたものは家の構造《こうぞう》だけではなく、もっと大切な家族の絆です。いかなる場合も家は羅針盤の基軸《きじく》であります。その失っていくものの大切さを、急速に姿を消している草葺民家は絶滅《ぜつめつ》間際《まぎわ》に、ごく分かりやすく物申《ものもう》す「文化財」として訴《うった》えているのです。

茅場／豪雪地帯《ごうせつちたい》では雪の重さで、たとえ刈らなくてもペシャンコになり、晩春《ばんしゅん》には力強い芽が均一にたくさん出そろいます。麦踏《むぎふ》みの効果と似ているのです

茅置き場／昔は各家の屋根裏部屋に30年以上蓄え続け、いっぱいになったら葺き替えていたのです。今は業者がストックしています。これくらいの量では草葺家屋1軒分としてはまだ足りません。右下の暗黒色の葦束《たば》は塩分のある海浜近くのもので非常に強い

種類と産地／向かって左から順に、吉備高原の茅、四国山間部の茅、青森県の葦、備前市の八塔寺とその北部の茅です。耐久性では遠隔地《えんかくち》のものより、近くの茅の方が良いとされています。背丈はどれもほぼ3mあります

国指定重要文化財

# 吉川八幡宮本殿

よしかわはちまんぐうほんでん

■加賀郡吉備中央町吉川
■室町時代初期
■大正14年4月24日指定

## ノミによる「打ち込み縦割技法」の木材を発見
## 吉備津神社よりさらに古いことが分かった建造物

吉川八幡宮本殿

神に一番近い距離《きょり》にある子供《こども》に、大人は、神と人間の仲立《なかだ》ちを託《たく》し、選ばれた子供はその時神になってしまうのです。今はそのような祭りは全国的にも希《まれ》になってしまいましたが、吉備《きび》中央町（旧賀陽町《きゅうかようちょう》）の吉川八幡宮には「当番祭《とうばんさい》」と呼《よ》ばれて今なお残っているのです。

人は大人になってしまうと、3歳《さい》以前の記憶《きおく》を持っている人はまれにしかいません。しかし子供は7歳くらいだと、まだ生まれてくる前のことを話したりすることがあったりします。大きくなるにつれて「そんなことがあったっけ」とばかり、リセットして記憶から消されるのか、現《げん》実離《じつばな》れへの違和感《いわかん》に気付いて話さなくなるのか、大人が科学的でないと決めつけることが原因《げんいん》なのか、あるいは現実世界へ馴染《なじ》ませることこそが社会性《しゃかいせい》を身に付け「何事もなく」生きられると、親が先回りしてのお節介《せっかい》からかもしれません。

おそらく近代化も都市化もなかった頃《ころ》には、厳《きび》しい中で生きるためには各地で多様な考えや、生き方の工《く》夫《ふう》が無限《むげん》にあったのだと思います。

その中の一つとして、神に一番近い子供に神様のご託宣《たくせん》（神が人にの

600年前の技術を見ることができるんだね

全解体された吉川八幡宮本殿

新しい材を補足しながら組み上げられていく吉川八幡宮本殿小屋組

りうつって、その意思を告げ、周りに知らせること）を聞くことができるならば、それが一番正しいと思ったのかも知れません。

　少なくとも、神様が決めたことなら、はずれてもだれも「仕方ないと諦《あきら》める」ことができるのでそれが一番で、解決《かいけつ》できないことをいつまでもあれこれ悩《なや》むことより、人間はさあ次へ進むぞという決断《けつだん》や、一押《ひとお》しされることの方が、物心両面でどれだけ気が楽だったことでしょう。

　それは吉川八幡宮や日本だけのことではありません。パルテノン神殿《しんでん》より１００年も古い紀元前１０００年も前からギリシャ最古のデルフィの神殿では、政治《せいじ》や経済《けいざい》、そして戦争の決断から、日々の庶民《しょみん》の悩み事までの全てを、標高２４５７メートルのパルナソス山の中腹《ちゅうふく》にある、世界の臍《へそ》（中心）といわれた古代ギリシャの聖《せい》域《いき》であるデルフィの神殿に集まってアポロンのご託宣を聞いたのです。

　ここには様々な神様が存在《そんざい》し、色々な仲立ちをする祈祷師《きとうし》がお告《つ》げを下したのです。平地から非常《ひじょう》に高いところで、神や天国に一番近いという雰囲気《ふんいき》だったことでしょう。

　神殿、5000人収容《しゅうよう》の野外劇場《げきじょう》、競技場、宝物館《ほうもつかん》、供物としての生《い》け贄《にえ》を買うところ、生け贄を繋《つな》ぐところ等々、ごった返していた門前町が今なお残っているのです。世界文化遺産《いさん》です。

延々と 20 キロ以上も続くオリーブの大海原

　眼下《がんか》には真っ平らなオリーブ畑が、どこまで続くのか境《さかい》も見えないほど、まるで大海原《おおうなばら》のように遥《はる》か彼方《かなた》のコリンティアコス湾《わん》まで続いています。
　紀元前582年から、ビザンチン帝国《ていこく》オテドシウス帝の「異教禁止令《いきょうきんしれい》」によって、この神殿もことごとく壊《こわ》されて閉鎖《へいさ》される紀元後381年までは大変な賑《にぎ》わいでした。

パルナソス神殿（ギリシャ）

　1892年から発掘《はっくつ》が始まり、全《ぜん》貌《ぼう》が見えてきました。この遺跡《いせき》の麓《ふもと》にデルフィ博物館ができました。言い伝えなどではなく実物で分かるようになりました。黄金細工の装身具《そうしんぐ》、各種工芸品、彫刻《ちょうこく》は想像を絶するような「オリーブの大海原」に見合う圧巻《あっかん》です。ギリシャが海洋都市国家として繁栄《はんえい》し、ここが人と神を繋《つな》ぐ宗教《しゅうきょう》の中心地だったのです。
　多くの決断をするためにご託宣を受けにやって来る人や、お礼に伺《うかが》う人がごった返していた様子が目に見えるようです。
　ギリシャは多神教でした。それらはキリスト教、イスラム教、ユダヤ教とは違《ちが》い、色々な神がいるのは日本によく似《に》ています。そういう所にご託宣社会は生まれたのでしょう。

吉川八幡宮の場合は今でも続いているわけです。

## 復元修理で分かった新事実

吉川八幡宮本殿から発見された応永 15（1408）年銘蓑束

吉川八幡宮は平成7年から約2億円を投じて解体復元修理《かいたいふくげんしゅうり》を開始しました。15ページの上の写真は平成9年6月の全解体の様子で、全ての構《こう》造物《ぞうぶつ》が解体され、柱一本残っていない状態《じょうたい》です。

吉川八幡宮は伝承《でんしょう》では室町《むろまち》初期応《おう》永《えい》2（1395）年の建造《けんぞう》といわれてはいたものの、大方の専門家《せんもんか》は建物の意匠《いしょう》から指定時も室町末期の建物ではないかといっていました。

めったにあることではなく、私《わたし》たちの世代は建造以来約600年を経《へ》て、ここに初めて全面解体に遭遇《そうぐう》することになったのです。案の定、色々な事実が現《あらわ》れました。これまで応永32（1425）年に35年の歳月《さいげつ》をかけて完成した吉備津神社《きびつじんじゃ》の方が古いとされていました。

ところが応永15（1408）年5月12日と墨書《ぼくしょ》のある「蓑束《みのづか》」が発見され、こちらの方が古かったのです。

さらに特筆すべき大発見がありました。「弦付大鋸《つるつきおが》」という縦挽き鋸《たてびのこ》が室町時代にわが国に初めて普及《ふきゅう》するまでは、鑿《のみ》による「打《う》ち込《こ》み縦割技《たてわりぎ》法《ほう》」といって、柱や板を作るためには切手のミシン穴のように縦一列に鑿を打ち込み、その線に沿《そ》って割《さ》き、仕上げは手斧《ちょうな》で成形する方法しかなかったのです。

その柱作りの様子は絵巻物《えまきもの》には載《の》っていることは分かっていましたが、その鑿打込痕《こん》が連続して残っている柱が全国で初めての実物証拠《しょうこ》として見つかったのです。世紀の大発見だったのです。

また吉川八幡宮の屋根材は、解体時は「桧皮葺《ひわだぶき》」でした。それ以前は「柿葺《こけらぶき》」なのですが、それよりもさらに古い、栗《くり》の材を鉈《なた》で割《わ》った板を葺《ふ》いた「栩葺《とちぶき》」だった事実が判明《はんめい》し、そのように復元しました。また傾斜《けいしゃ》を強く立派《りっぱ》に見せるために、歴史の途《と》中《ちゅう》で屋根の高さも1メートルほど高くされていたことも分かりました。

新事実が出てきた以上、全て元へ復するのが原則《げんそく》です。そのために、神社、氏子《うじこ》、文化財保存技術《ぶんかざいほぞんぎじゅつ》協会、町、県、国はたびたび協議を重ねました。金銭的負担増《きんせんてきふたんぞう》、修理期間の延《えん》長《ちょう》問題を乗《の》り越《こ》えて、それらは全て理想的に当初の姿《すがた》に復元することができました。

## 次の世代に託す生き方で伝統技術を継承

実は世界で日本だけが建造物を手《て》間暇《まひま》かけて全面解体完全復元修理するという考え方を持っているのです。

この全面解体完全復元の本当の意味は、我々《われわれ》が「託《たく》する」という行為《こうい》の素晴《すば》らしさを、一つにはこういう形で誠実《せいじつ》に実践《じっせん》する姿勢《しせい》と連帯の大切さを確認《かくにん》しながら生きている民族であるということを確認できることだといえるでしょう。

託することとは、命はもちろん、精《せい》神的《しんてき》アイデンティティ、集団結束、恥《はじ》を残さない仕事、夢《ゆめ》や希望をバトンタッチすることです。それは人間の行為の中で最も大切なことであるのに、今これが次第《しだい》に省《かえり》みられなくなっているだけでなく、粗末《そまつ》にされようとしているのはなぜでしょうか。

それは何でも自分でやれると思っているのか、金銭だけに換算《かんざん》してそれで人に負けなければ良いと思ったり、それらは裏腹《うらはら》に他を寄《よ》せ付《つ》けない、託せない側面がそうさせるのでしょうか、いずれにせよ世代をこえて責任を持って託することを

吉川八幡宮本殿の根太《ねだ》に転用されていた日本で唯一の縦割技法の痕跡を残した貴重な資料

吉川八幡宮本殿の根太拡大部
できるだけ正確に二等分するために、ノミの方向を木目につられて割れないように、木目とノミの方向を逆方向に向けています

世相として止めてしまっているからです。

大河《たいが》の流れのように悠々《ゆう》と生き、そこから後はこれからの人に託するという生き方が、今の日本から失われようとしています。みんなが次の代への責任を放棄《ほうき》しているのと同じです。そこには現代人《げんだい》が一番進んでいて、最高であるという大きな勘違《かんちが》いがあるからではないでしょうか。

勘違いが起こったのは、根本的には我々が技術の進歩に目を奪《うば》われ、先人の心の持ち方の素晴らしさ、失ったものの大きさを知ろうとしなかっただけではないかと私は思っているのです。技術の進歩は往々《おうおう》にしてモノの良さを犠牲《ぎせい》にした多量生産でモノに寄り添《よそ》わず「手抜《てぬ》き」につながる意識の劣化《れっか》も仕方がないとする場合がほとんどです。

モノは時代を最も良く反映《はんえい》します。時代と共にモノが悪くなっているといわれないためにも、いつの時代の人も、先人たちは何かを何かに願いのように託し続けてきたような気がします。

日本の建造物における全面解体完全復元修理の考え方とシステムがあるために、木と紙で作られておりながら世界最古の法隆寺《ほうりゅうじ》も、世界最大の東大寺《とうだいじ》も世界の奇跡《きせき》のように今日まで残っています。伝統《でんとう》技術は「生きた正倉院《しょうそういん》」として、各地の神社仏閣《ぶっかく》に至《いた》るまで託され残り伝わっています。だから実は奇跡でも何でもないのです。日本人の当たり前の「託す」という生き方の結果生まれた結晶《けっしょう》なのです。

それを見失うと日本の将来《しょうらい》は世代も、思想も、社会もちぎれちぎれのゴミ芥《あくた》の国になるでしょう。

こうして吉川八幡宮本殿は託することを当然のように、平成10（1998）年8月28日に全解体完全復元修理が完了《かんりょう》しました。

床下にこの状態で見つかった、問題の縦割技法のノミ痕《あと》を残したままの根太

## 国指定重要文化財
## 吉川八幡宮本殿　栩葺《とちぶき》屋根軒付け

室町時代初期
大正十四年四月二十四日指定

われわれが時代を超《こ》えて畏敬《いけい》の念をもってながめている、奥深《おくぶか》い意味を秘《ひ》めた「生き方の結晶」でもある文化財というものの価値《かち》は、どれもこれもほとんど例外なく、表面からは決して見えないところに情熱《じょうねつ》と力をどれだけ注《そそ》ぎ込《こ》んだかによって価値が決まっている、といっても過言《かごん》ではありません。

古いものほどその傾向《けいこう》が強く、現代に近いものほど、見せかけや誇張《こちょう》をしたり、挙《あ》げ句《く》の果てにはM社の「マンションの基礎杭打《くいうち》手抜き工事事件」やドイツのVW社「排《はい》ガス基《き》準逃《じゅんのが》れソフト」のように、企業《きぎょう》ぐるみで社会や国民を欺《あざむ》くようになってきているのです。世界的に人の劣化《れっか》が進んでいる証拠です。

全国の市場を圧倒的《あっとうてき》に制覇《せいは》してきた刀剣《とうけん》にしても、混《ま》じりけの多い「赤目砂鉄《さてつ》」を使い、15回も重ね鍛《きた》えすることによって、3万2768枚という鉄の層《そう》を0・5㌢という刀剣の厚《あつ》さの中に形成するということになります。これは理論的《りろんてき》には積層《せきそう》1枚ごとの厚さは、実に0・152ミクロンになります。備前刀以外では綺《き》麗《れい》で純粋《じゅんすい》な「真砂鉄《まさてつ》」と呼ばれる砂鉄を使います。それだと10回しか重《かさ》ねることはできません。その場合の積層は1000枚にしかなりません。

これが刀剣の究極の理想である「折れず、曲がらず、切れて、美しい」の根幹《こんかん》となっているのです。同じ断面積《だんめんせき》の鉄に比《くら》べてワイヤーは遥かに強いのと理屈《りくつ》は同じです。

岡山の人は見えないところに手間暇を加えることに誇《ほこ》りを感じて、最高のものを作ってきたのです。ほとんどの場合その努力は、深層《しんそう》で理にかなっているのです。

それなのに現代人はいつの間にか、手を抜くことが合理的であるかのようになぜ勘違《かんちが》いするようになってしまったのでしょうか。建造物の屋根の向こう側をのぞいて見ましょう。

### 毛細管現象が起こらぬように
### 手間のかかる手割り板を使用

伝統的屋根葺きには基本的《きほんてき》に瓦《かわら》、草葺《ぶき》、銅板《どうばん》、桧皮《ひわだ》、柿《こけら》、栩《とち》葺の6種類があります。その中で栩葺に先人の知恵《ちえ》を探《さぐ》ってみましょう。

栩葺は大体長さ2尺《しゃく》(60・6㌢)、幅《はば》7寸《すん》~1尺(21・2~30・3㌢)、厚さ3~5分のクリ、サワラ、スギなどの板を少しずつずらして瓦のように5枚重ねに葺くやり方です。板の厚さに関しても1分（3ミリ）と薄《うす》い場合には柿葺と呼んでいます。本《ほん》格的《かくてき》な修理では鋸挽《のこびき》板やカンナ掛《が》け板は使いません。あくまでも鉈《なた》を使った手割《てわ》りの板です。

なぜ今の時代に手間のかかる手割りなのでしょうか。製材《せいざい》して真っ平らで均等《きんとう》な厚さの板は早く、安く小《こ》綺麗《ぎれい》にできるのですが、屋根材として重ねた際《さい》に、上下の板がピタッと密着《みっちゃく》し過《す》ぎて、雨がここで毛細管現《もうさいかんげん》象《しょう》を起こし、密着した板の間を水分が上へ奥深く逆流《ぎゃくりゅう》してしまうのです。そうなると、水切りがいつまでもできず、雨後乾燥《かんそう》が遅《おそ》くなって、板の腐《くさ》りは早くなります。重ねられた板と板の間に少し隙間《すきま》がある方が常《つね》にカラリと乾《かわ》きます。だから機械鋸による早さや表面的な美しさだけ求めていると、強くて長持ちする屋根はできないのです。日本の屋根葺きは、瓦でも銅板でもこの毛細管現象との闘《たたか》いでもあったのです。

鋸で板材を挽《ひ》けばスピードは早くても、木材の繊維《せんい》を強制的《きょうせいてき》に縦断《じゅうだん》しながらひたすら真っ直ぐ切り進むために、水を吸《す》い上げる管の切断《せつだん》面が無数に生じ、ここから水や腐朽菌《ふきゅうきん》が侵入《しんにゅう》しやすくなります。しかし鉈による手割り板だと必ず木材の繊維に沿った割れ方になるために、無理な繊維の切断面が無いのです。

さらにひき割った板の側面から見れば、結構凸凹乱食的《けっこうでこぼこらんぐいてき》になるために板と板の重なりにおいても密着性がなく、ここで毛細管現象が阻止《そし》され、また空気が通る隙間が材を常に乾燥させる効果《こうか》があるのです。

近くで見ると一見不揃《ふぞろ》いに見えますが、全体で見ると逆《ぎゃく》にふんわり感もあって温かい。こうして手割りの方が経費《けいひ》は高くても、優《やさ》しくて強いのです。屋根材の機械割りは製作《せいさく》スピードは速くても、劣化スピードも速いのです。技術も適材適所《てきざいてきしょ》があるのです。一律《いちりつ》に素早《すばや》く揃《そろ》えようとする教育にも、その先に劣化が待っていないと誰《だれ》がいえるでしょうか。

吉川八幡宮本殿栩葺屋根軒付け（手前が屋根の軒端で、少し奥に入った所に割箸状《わりばしじょう》のものを入れて隙間を作って毛細管現象をシャットアウトしています）

## 美しく見せる軒端はさらに高度な工夫が

神社建築《けんちく》は荘厳《そうごん》さを出させるために「軒付《のきづ》け」といって草葺、桧皮、柿、栩葺屋根の末端《まったん》を分厚く端正《たんせい》に作ります。その一つの理由は、屋根の末端としての軒付けが薄いと、風が吹《ふ》き上《あ》げて葺端《ふきはし》が劣化してほつれたり、板の端《はし》が早く腐ったり、カーリングしたりで風化しやすくなるからです。雨が降《ふ》った時も、全ての雨は軒端《のきはし》に流れ、水切れを良くして傷《いた》むのを防いでくれます。

この面だけはピシッと木端《こば》を美しく見せて、狂《くる》いなく板を積み上げて仕上げる「軒付け」も、ユニークな仕掛《しか》けが無いと毛細管現象によって、奥深く水滴《すいてき》が入り込んで、結果厚く重ねても遂《つい》には屋根地を腐らせてしまうのです。

重ねた表面を本当にいつまでも強く、美しくしようと思えば、その何倍も見えないところへ工夫《くふう》を施《ほどこ》さねばならなかったのです。では先人は軒付け部分の毛細管現象を遮断《しゃだん》するためにどのようなことをしたのでしょうか。それが写真のような見えない奥側《おくがわ》の隙間作りの工夫だったのです。

手割りの板を含めて、こうした手間は決して表面からは見えないところの仕事であることが、よく分かってもらえると思います。

今日では目に見えない仕事など次第に誰もやりたがらなくなっているのです。それは、評価《ひょうか》する人がいないということもその一因《いちいん》です。社会のモノを見る眼《め》が肥《こ》えていればいるほど、職人《しょくにん》はさらにその先へと気付かないような力を発揮《はっき》し、文化力を魅力的《みりょくてき》に輝《かがや》かせたのです。手抜きをして一時的に儲《もう》けたと思っても、結局後の人に軽蔑《けいべつ》されても尊敬《そんけい》はされません。

こうした栩葺や桧皮葺において、板や樹皮《じゅひ》を打ち付ける釘《くぎ》は竹釘です。この釘でさえ作る人は兵庫県伊丹市《ひょうごけんいたみし》山南町《さんなんちょう》の故石塚芳春《いしづかよしはる》さんが全国でたった一人の竹釘製作の無形文化財保《ほ》持《じ》者で、全国の重要文化財の建造物の3分の1は桧皮葺なので、その需《じゅ》要《よう》に対して一人でまかなっていました。現在、孫の石塚直幸《なおゆき》さんが石塚商店として引《ひ》き継《つ》いでいますが、全国でここでしか作っていないという危《あや》うさは同じです。

人は脚光《きゃっこう》を浴びるところへは目を向けますが、その裏《うら》で支える地味な人があってこそ表に立つ人が輝いていられることを忘《わす》れないで欲しいのです。

ついでながらもう一つ、金蒔絵《きんまきえ》な

ど完成品は評価されますが、それを支えるには横野（津山《つやま》市）の箔合《はくあい》紙を漉《す》く人がいて、さらにその人が紙漉《かみすき》をするために不可欠《ふかけつ》な特殊《とくしゅ》な簀子《すのこ》は、1寸幅に40～43本というヒゴの細さが求められ、これを作る人も高知県にたった一人しかいないそうです。スポットライトの当たることがない地中の根っこのような目立たない仕事をする人がいなければ、地上の幹《みき》も潤《うるお》いのある緑も1日たりと生きてはいけないことを忘れてはなりません。横野箔合紙では新しいものを求めるのでなく、古いものを編《あ》み直《なお》してくれる人を鳥取市の鹿野《しかの》町《ちょう》に小畑文子さんをやっと見付けていますが、やはり綱渡《つなわた》りです。

　一旦《いったん》地下で支える人がスーッといなくなったら、ドミノ的に損害《そんがい》を被《こうむ》る範囲《はんい》の広さは計り知れないのです。失った技術というものはほとんど、もう元へはもどせないのです。

　昔の刀にはあった「映《うつ》り」という美的鑑賞《かんしょう》対象としての鉄組成も、明《めい》治《じ》の廃刀令《はいとうれい》以降《いこう》、口伝で伝えられていた技術はことごとく途絶《とだ》えてしまったために、今日全国に400人の刀工がいても、ほとんど誰も再現できないでいるのです。伝統的技術は一旦失うと、どの分野でもなかなか取りもどせないのです。

## 見えないところの技法を次の世代に伝える大切さ

　表面には決して姿を現さないで、文化財を陰《かげ》で支える人々が転《こ》けたら表面の人も全て連鎖《れんさ》反応的に転けるというひ弱さを、今日の日本の繊細《せんさい》な文化は持っています。これでは文化が劣化しないはずはありません。これまでは日の当たらないような部分の仕事を日本人は粗末にしませんでした。

　私はこうした目に見えない「部分」を感性の豊《ゆた》かな次代を担《にな》う子供たちにぜひ立ち会わせ、見せる必要があると思ってきました。建造物の修理とその見学などは、何百年に1度しか巡《めぐ》ってこない千載一遇《せんざいいちぐう》のチャンスです。先人がタイムカプセルに託した英知が現れ出る瞬間《しゅんかん》の立ち会い人になれるのです。忘れられている思いもよらない技法《ぎほう》を見せられた時、畏《おそ》れ感動しない者はおりません。先人からわれわれに、われわれから将来を担う人へ、心と技術を送り伝え、託することの大切さを忘れてはならないのです。

国

# 旧閑谷学校講堂

きゅうしずたにがっこうこうどう

■備前市閑谷
■江戸時代初期
■昭和28年11月14日指定

## 閑谷学校は江戸時代における日本建築の横綱

備前藩主池田光政《びぜんはんしゅいけだみつまさ》は寛文《かんぶん》6（1666）年に木谷村《きだにむら》の閑静《かんせい》なこの地に、孔《こう》子《し》の儒教《じゅきょう》に基《もと》づいた学校を作るための理想の地を決定し、寛文10（1670）年建設《けんせつ》に取りかかりました。この閑谷学校は日本で初めての庶民《しょみん》のための学校でした。しかも使われ続けて現存《げんぞん》するものとしては世界的には最古といわれているイタリアのボローニア大学（14世紀に神学校として作られ、今日では総合《そうごう》大学となっている）に次ぐものかも知れません。

この学校も創建《そうけん》当初は茅葺《かやぶき》、そして普通《ふつう》の瓦《かわら》となり、元禄《げんろく》14（1701）年綱政《つなまさ》の時代に今のような備前焼瓦《びぜんやきがわら》の載《の》った江戸《えど》建築《けんちく》の華《はな》といわれる講堂になりました。試《ため》したのでしょうか、元禄13年銘《めい》の備前焼瓦が閑谷神社に使われております。決して一朝一夕《いっちょういっせき》にできたものではありません。

この学校の設立《せつりつ》にはわが国の庶民教育史上、建築上共に特筆すべきものがいくつもあります。それは建設を始めてから32年の歳月《さいげつ》を費《つい》やし、当時、逼迫《ひっぱく》した財政状況《ざいせいじょうきょう》の中で、各《かく》藩《はん》がその贅沢《ぜいたく》さにびっくりするほどのものでした。他に例を見ないような手間暇《てまひま》かけた質《しつ》とスケールを誇《ほこ》るものを、しかも全国の郷学《ごうがく》の中でも最も早く完成したことです。しかもこの完成は光政が亡《な》くなってから実に20年も過《す》ぎてからでした。そもそも教育とはそのくらい先を見込《みこ》んで、次代に託《たく》しながらじっくりと受《う》け継《つ》いでなされるべきもののようです。

内部は一切《いっさい》の装飾《そうしょく》を省いて、柱、床《ゆか》などの木部は拭漆《ふきうるし》仕上げとし、磨《みが》き上《あ》げられた円柱と床の見せる木肌《きはだ》の深みと温かさを、面と線とシルエットで演出《えんしゅつ》しています。

また一般木造《いっぱんもくぞう》建築では柱と梁《はり》や

国宝　旧閑谷学校講堂

長押《なげし》の接合《せつごう》部分は、柱や梁の撚《よ》りもどしなどから、必ず伐採後《ばっさいご》の経《けい》年《ねん》変化としての梁材《りょうざい》の捻《ねじ》れからくる隙間《すきま》が柱と梁の接合部で生まれますが、ここではそれが皆無《かいむ》なのです。

長持ちさせる技術を編《あ》み出し、結集した最先端の建物だったんだ！

もう少し説明しましょう。樹木《じゅもく》は成長する時は反時計回りに成長し、伐採し、乾燥《かんそう》開始直後から時計回りに撚りがもどる性質《せいしつ》を持っています。柱の上に載《の》る梁材の断面《だんめん》部分は右回りに撚りがもどるために、梁と柱を密着《みっちゃく》して接合しても３４０年も経過《けいか》すれば2度や3度の隙間が左側に生じるものですが、それがゼロというのは驚異《きょうい》の建築です。実は漆で面接合しているからです。

全体的に見ても、どこもびくともしていないのはなぜでしょうか。

木造建築は床を高くすれば、湿気《しっけ》が上がらないため長持ちします、しかし束柱《つかばしら》を高くすれば地震《じしん》に弱くなるという矛盾《むじゅん》を持っています。

この講堂の下には赤土、貝殻《かいがら》を焼いて作った石灰《せっかい》、苆《すさ》という麻《あさ》くず、松《まつ》脂《やに》、酒、お粥《かゆ》などを混《ま》ぜて作った和《わ》製《せい》セメントが敷《し》き詰《つ》められ、地下の水分をシャットアウトしています。

日本に西洋セメントが導入《どうにゅう》されるのは明治中頃《めいじなかごろ》ですが、一概《いちがい》にはいえませんがコンクリートは100年程《ほど》しか耐用《たいよう》年数がありません、しかしこのどこにでもあるいろいろな素材を混ぜ込んだヘテロでやさしい和製セメントの場合はひび割《わ》れも見られず、機《き》能《のう》上びくともしていません。

唐様《からよう》の美しい曲線をもった花頭窓《かとうまど》の明かり障子《しょうじ》を通した光を受けた床は、鏡のように当時の輝《かがや》きをそのまま放っています。

また今なおこの床が輝く本当の秘《ひ》密《みつ》は何でしょうか。閑谷学校講堂の説明で一般的にいわれている「主材がクスノキだから薬効《やっこう》で蜘蛛《くも》も巣を張《は》らないために美しい」というものではありません。講堂の建築材はほとんどケヤキとヒノキです。

何時《いつ》までも美しいのは、長持ちする備前焼瓦を載《の》せている野地板《のじいた》の上に壁土《かべつち》を一切《いっさい》使用せず、ずり落ちさせないためのストッパーは土ではなく、丸太を半分に切り割ったような材で、その上に瓦は載せられています。野地板同士も隙間を作らないように漆で接合していました。そのために土埃《つちぼこり》が天井《てんじょう》から舞《ま》い落《お》ちません。天井から土埃が床に落下して、その土埃の上を歩けば、当然細かい傷《きず》が付くことになるのです。それを数百年続けるとどうなるでしょうか。

ここの備前焼瓦が載っている半丸

講堂の丸瓦を取りはずすとこのような仕掛けになっています

（右）閑谷学校の講堂の瓦の裏側には、壁土の代わりに瓦を固定する材木が並べられ、瓦がズレないように切れ込みがあります。材木を裏側から見ると、中央凸帯線はタテに並べる平瓦と平瓦の間に差し込まれ、左右のズレを防ぐ仕掛けになっています
（左）側面から見た様子で、一枚ごとの平瓦はハシゴ状の切り込みストッパーで固定される仕組みです

太には、瓦の内側に作り付けた突起《とっき》に合わせて切《き》り込《こ》みが入っています。それにぴったり填《は》め込《こ》み、しかも全部の瓦が銅線《どうせん》や銅釘《どうくぎ》で固定されています。閑谷学校講堂の瓦が一枚もずれているのを見たことがないのはそのためです。

この一帯は国指定特別史跡《しせき》となっており、そのうち講堂は国宝《こくほう》、その他の建物のほとんどは重要文化財《ぶんかざい》になっています。

## 周辺の石塀や排水施設は最高峰の石造技術で建設

さらに特筆すべきはインカやアステカの石組みさえも連想させるかのような、全国に例を見ない多面体かまぼこスタイルの石塀《いしべい》がドンと取り囲んで聖域《せいいき》を示《しめ》しています。また講堂の東に広がる校庭は、雨が降《ふ》っても水溜《みずた》まりができない仕掛けがあります。地下に碁盤《ごばん》の目状《めじょう》に大規模《だいきぼ》な暗渠排水施《あんきょはいすいし》設《せつ》が隠《かく》されているからなのです。これらは津田永忠《つだながただ》が大坂から呼び寄《よ》せた河内屋治兵衛《かわちやじへい》と石工集団の手になるものです。

彼《かれ》らは岡山《おかやま》に根を張り藩内《はんない》に色々な超《ちょう》一級の石造《せきぞう》文化を残しています。巨大《きょだい》な田原井堰《いぜき》も、和製セメントを使って川の上に川を横切らせる石の懸樋《かけひ》は圧巻《あっかん》です。それを含《ふく》めた延々《えんえん》18キロの距離《きょり》と灌漑《かんがい》面積700ヘクタールを誇る田原用水路設備《せつび》や、強固な大多府島《おおたぶじま》の防波堤《ぼうはてい》、また荘重《そうちょう》な和意谷《わいだに》の池田家墓所《ぼしょ》の石塔《せきとう》（お墓《はか》）は屋根、身、基礎《きそ》が一つの石塊《せっかい》を削《けず》り出して作られ、地震でも倒《たお》れて壊《こわ》れる心配がありません。

また閑谷学校の側を流れる川の源《げん》流《りゅう》には絶対に泥《どろ》の溜まらない、全国に全く類例がない溜《た》め池《いけ》が作られていました。それに洪水《こうずい》調整の百間川《ひゃっけんがわ》およびその荒手《あらて》、閑谷学校石塀の実験台といわれる吉備津彦《きびつひこ》神社近くの「山神《やまがみ》の石巻《いしまき》」、吉備津彦神社はもちろん、その付帯設備として柱と土台が一体となったこれまた類例を見ない大鳥居《とりい》、後楽園花葉池《こうらくえんかようのいけ》の排水桝《はいすいます》等々を含めた県南部の数々の異色《いしょく》の石造物をすべて彼らが手掛《てが》けて、岡山県の日本最高度の石造文化をキラリと輝《かがや》かせています。次代を背負《せお》う孫子の代へ向けて修理《しゅうり》の手間や負担《ふたん》の掛《か》からない、今の時代にこそ必要な究極のものばかりが、次々と作られ、岡山文化の質的《しつてき》向上に果たした影響力《えいきょうりょく》は計り知れません。

託すことを忘《わす》れてしまった今の社会の憂鬱《ゆううつ》。猫《ねこ》の目のように変わる今の日本の教育制度《せいど》。

ぶれない教育の原点は岡山のすぐそこにあるということを忘れないで欲《ほ》しいのです。

国宝

# 吉備津神社本殿と拝殿

きびつじんじゃほんでんとはいでん

■岡山市吉備津
■室町時代初期
■昭和27年3月29日指定

## グローバルに門戸を開いている ローカルでユニークな吉備津神社

県下には国宝《こくほう》の建造物《けんぞうぶつ》が2つあります。吉備津神社と閑谷学校講堂《しずたにがっこうこうどう》です。閑谷学校が江戸《えど》時代の優《すぐ》れた日本建《けん》築《ちく》の横綱《よこづな》であるのに対し、吉備津神社は室町《むろまち》時代のわが国における神社建築の中で最も傑出《けっしゅつ》したものです。

現在《げんざい》の建物は35年というとても長い歳月《さいげつ》をかけて応永《おうえい》32（1425）年に再建《さいけん》が完了《かんりょう》し、その特異《とくい》な思想と姿《すがた》を今日に伝えています。

吉備津神社の本殿は、出雲大社《いずもたいしゃ》本殿（36坪《つぼ》）より倍も大きく、78坪もあります。しかもバランスを失うことなく和様（日本）、唐様《からよう》（中国）、天竺様《てんじくよう》（インド）と国際色豊《こくさいゆた》かな様式を備《そな》えている社殿《しゃでん》なのです。また正面を北に向けた随身門《ずいしんもん》だけでなく、南北2つもあり、まるでどちらからでもいらっしゃいとばかり、門戸は国際的にも広く開いている県民性を暗示《あんじ》しています。

千木《ちぎ》や鰹木《かつおぎ》を載《の》せた棟《むね》も2つ並《なら》んで連結させ、鳥が羽を広げたように見える比翼入母屋造《ひよくいりもやづくり》とも吉備造《きびづくり》とも呼《よ》ばれています。

この造《つく》りは倉敷市児島蓮台寺《くらしきしこじまれんだいじ》の由《ゆ》加神社《がじんじゃ》、奈良県吉野《ならけんよしの》の勝手社《かってしゃ》、千葉県の香取神宮《かとりじんぐう》、中国の福建省永定県《ふっけんしょうえいていけん》の客家土楼《はっかどろう》の集落にもあります。

さらに写真でも分かるように僅《わず》かに傾斜《けいしゃ》した基盤《きばん》を平坦《へいたん》に削平《さくへい》せず、そのまま活《い》かして亀腹《かめばら》で高さと水平を調整して建物を建てるなど、吉備津神社はユニークさに満ちあふれています。これくらいの面積を削平するくらいのことは簡単《かんたん》なことですが、なぜ当時の人はそれをしなかったのでしょうか。実はそれには大きなわけがあるのです。

自然の地形は人工的に造った地形と違《ちが》って、長い地質《ちしつ》年代の中でちゃんと地下水脈が存在《そんざい》しているのです。それを削平でそぎ取ってしまうと水脈が

国宝　吉備津神社本殿

露《ろ》出《しゅつ》してしまい、それに建物を被《かぶ》せると、建造後に床下《ゆかした》から湿気《しっけ》が上がり、建物の寿命《じゅみょう》を著《いちじる》しく縮《ちぢ》めてしまいます。木造《もくぞう》である日本建築の弱点は湿気による腐朽《ふきゅう》です。

例えばヨーロッパの遺跡《いせき》や建造物では、ミケーネのトロイ神殿《しんでん》など多くの石造《せきぞう》建築はギリシャ時代のものを今なお目の前に圧巻《あっかん》として見ることができますが、木造建築では7〜8世紀の鬼ノ城《きのじょう》の遺跡でも建物の痕跡《こんせき》は柱根の跡《あと》の穴《あな》の痕跡のみで、木材の痕跡はマッチ棒《ぼう》の先ほども出土していないのです。

この吉備津神社は570年間一度も解体修理《かいたいしゅうり》をしたことがありません。それだけに、もし全面解体修理する際《さい》は、どんな建築技法《ぎほう》や当時の色々な情《じょう》報《ほう》が飛び出すか計り知れない「The big national treasure」なのです。

例えば、これだけ巨大《きょだい》で荘厳《そうごん》な建造物であるのに、亀腹で覆《おお》われているために、どのような基礎《きそ》、つまり礎石《そせき》がどうなっているのか誰《だれ》も分かっていません。少なくとも建造物本体が地面からこれだけ高い位置に建っているために、湿気は上がらないので、570年間屋根葺替《ふきかえ》以外は一度も解体せずとも良いというこの知恵《ちえ》と事実を見て欲《ほ》しいと思います。

内陣《ないじん》の朱塗《しゅぬ》りの床や柱は今なお、できたてのような様相でぴかぴかに照《て》り輝《かがや》いています。吉備津神社の内側はなぜこんなにいつまでも強固《きょうこ》で美しいのでしょうか。神社建築は普通《ふつう》であれば、白木で造りますが、朱漆《しゅうるし》仕上げにしていることも強固な理由です。傾斜地に建っているので水はけ、風通しが良いことも当然一因《いちいん》なのです。しかし実はそれだけではないことをこの建物の向こう側に見てみましょう。

この建物の建て方を外から注意を凝《こ》らして見ると、柱と柱の間隔《かんかく》がそれぞれ違うことに気づくと思います。北側から中央へ、さらに少し行くほど柱間が狭《せま》くなって、左側の破風《はふう》に近いところが最も狭くなって、また広がっています。建築上これまた類例がありません。それは内部構造がそのまま外部の柱間隔の構造に投影《とうえい》されているからなのです。内側優先構築《ゆうせんこうちく》のやり方で、決して外の箱を造って内部に外陣《げじん》・中《ちゅう》陣《じん》・内陣や御神体《ごしんたい》を入れているのではありません。内部から外へ向かって連続して組み上げるために、そこには開放的であるのに、技術《ぎじゅつ》と素材《そざい》と考え方が詰《つ》まっています。

## 木造の日本と石造の西洋では建築の手順がまるで逆

吉備津神社は完成までの建築期間が35年も擁《よう》したのです。35年の間は雨ざらしであったのでしょうか。その間どうしていたかという記録を見たことも聞いたこともありません。

現在は文化財《ぶんかざい》としての建造物修理などでは、姫路城《ひめじじょう》の修理を見ても分かるように足場を組んで、覆い屋《おおや》を被せてその中で仕事をしていますが、そのようなやり方で建てたのでしょうか。謎《なぞ》といえば謎ですが、まずは類推《るいすい》するしか手はありません。

一般的《いっぱんてき》に日本建築は、家の建て方でどのような手順を踏《ふ》むのでしょうか。まず建前《たてまえ》（上棟式《じょうとうしき》）があります。その時、柱を立てて、棟《むね》や梁《はり》を渡《わた》します。ここまでできたらすかさず屋根に取りかかります。家屋建築はこのように屋根から先に取りかかるのが、日本流のやり方です。

それに対して、西洋の石造建築は屋根が最後になります。西洋でも、イスラム建築にしても柱のアーチ、ドームのアーチとたくさんのアーチが使われます。アーチは、手順としては作ろうとするアーチごとに、アーチ状の木枠《きわく》を窓《まど》でも、ローマのコロッセウムの柱間のアーチでも、木で作ったアーチ型の台を作って、石をその上に並べながら積み上げてから最後に要石《かなめいし》を真上

破風

柱間が全て異なる吉備津神社本殿。壁をなす分厚い横板は柱にタテ溝《みぞ》を彫ったガイドに沿って上から板を挿入するので、板の重力で上から下へ押さえつけられるために、何百年経っても隙間ができません

に填《しず》め込《こ》んで、最後に木枠を外すという作業の繰《く》り返《かえ》しです。

梁や桁《けた》を作るにも下から、上へ上へと積み上げていかないと屋根には到達《とうたつ》しません。屋根を作ってから構造《こうぞう》を組み上げることはなかなかできないのです。

石だから、天井《てんじょう》が最後となって、その間は雨ざらしになっても、石材がそれほど汚《よご》れるということはありませんが、木は35年も雨ざらしでは完成した頃《ころ》には朽《く》ち果《は》てるなどすれば大変なことになっているでしょう。西洋の石の文化、日本の木の文化をちょっと比《くら》べるだけで、これほど真逆《まぎゃく》のやり方があるということは本当に不思議です。これが文化というもので、共通化するグローバル化のみが世界の繁栄《はんえい》や調和と思ってはいけないのです。違いを認《みと》めることこそが調和なのです。

## 唐様や天竺様の異質が融合した岡山文化を象徴する建造物

また中心部へ行くほど床も天井も高くなって天に近づいています。なんとも神聖《しんせい》かつ贅沢《ぜいたく》でユニークな作りです。異質《いしつ》のものがそれぞれの場と役割《やくわり》を心得担《にな》って、全体を構成《こうせい》しているかのような建築です。

文化的な「異質の融合性《ゆうごうせい》」が大きく、高い基壇《きだん》（亀腹）が目に付きますが、それと高欄《こうらん》の間に天竺様の挿肘木《さしひじき》を設《もう》け、一層《いっそう》荘厳さと気高さを演出《えんしゅつ》しています。内陣の正面と側面の扉《とびら》には仏教的要素《ぶっきょうてきようそ》の金碧画《こんぺきが》が描《えが》かれていて、これらは共に神社建築と仏教建築の融合です。神社なのにアテの木を使った径1尺《しゃく》6寸《すん》、長さ20尺の巨大な68本にも及《およ》ぶおびただしい円柱群《ぐん》はにぎやかな人間的神々の居住《きょじゅう》するギリシャ神殿を彷彿《ほうふつ》とさせ、建築全体を温かく人間的にする役目を果たしているのです。

『多門院日記《たもんいんにっき》』の永禄《えいろく》11（1568）年5月18日の条《じょう》にも、また江戸時代初期に林羅山《はやしらざん》の『本朝神社考《ほんちょうじんじゃこう》』、江戸中期に上田秋成《うえだあきなり》が『雨月物語《うげつものがたり》』で「吉備津の鳴釜《なるかま》」はミステリアスに紹介《しょうかい》されて全国的に知られています。これは宗《しゅう》教《きょう》の原初的な超《ちょう》自然観の一つであるアニミズムの一種で、吉備津神社の古さと多様的許容幅《きょようはば》の広さをまた意味しています。

現在の延長《えんちょう》398メートルの日本一長い回廊《かいろう》とか、特異さは数え上げればきりがないのです。これは規模《きぼ》や技術の素《す》晴《ば》らしさ、和様・唐様・天竺様の融合というだけでなく、それを抵抗《ていこう》なく自然に取り入れる多様な様式や考え方を、バランスを崩《くず》すことなく創造《そうぞう》するというのは、懐《ふところ》の広い変化に富《と》んだ岡《おか》山《やま》とその文化を最終的に象徴《しょうちょう》している建造物といえるでしょう。この意味を後世に忘《わす》れることなく伝えなければなりません。

## “神の声”を聞く手段だった？

この神社だけにある神秘的《しんぴてき》な「鳴釜《なるかま》神事《しんじ》」は何を意味しているのでしょうか。「盟神探湯《くがたち》」の一変形かもしれません。盟神探湯というのは古代の神明裁判《さいばん》、つまり真犯人《しんはんにん》を捜《さが》し出す当時の有効手段《ゆうこうしゅだん》の一つであったことでしょう。真偽正邪《しんぎせいじゃ》を裁《さば》くのに、神に誓《ちか》って手で熱湯を探《さぐ》らせても、正しい者の手はただれず、邪《よこしま》な者はただれるとする決め方です。日本だけでなくフィリピンの山奥《やまおく》にも今なおあるのです。

似《に》たものが形式ないし儀式化《ぎしきか》されてなお風前の灯火《ともしび》のように残っているものが高梁市《たかはしし》の三原神社《みはらじんじゃ》にあります。

一方、吉備津神社の御釜殿《おかまでん》の鳴釜神事は、神の声を釜の湯気の音として聞き取る一つの手段として残っています。と同時にその不思議さが人々に畏《おそ》れを抱《いだ》かせ、不遜《ふそん》や人間の弱さを見せてくれるものとして広く人の心に浸透《しんとう》していったと思われます。

それはまるで寺院における曼荼羅《まんだら》のようなものにも近く、御託宣《ごたくせん》の絶対性《ぜったいせい》と人間がさらされている日常《にちじょう》の脆《もろ》さ、それを避《さ》ける人のみちの指針《ししん》のようなものであると考えられます。古代ギリシャの政治家《せいじか》や民衆《みんしゅう》でさえ神の声を御託宣として聞いたのは同じことです。

お釜殿の場合、上田秋成の『雨月物語』における「吉備津の鳴釜」にそのエッセンスを見てみましょう。

吉備《きび》の国賀夜《かや》郡庭妹《にわせ》の井沢正太郎《いざわしょうたろう》

と吉備津の神主香央造酒《かさだみき》の娘《むすめ》で17歳《さい》になる見目麗《みめうるわ》しく親孝行《こうこう》で詩《うた》を詠《よ》み、琴《こと》にたくみな磯良《いそら》が結婚《けっこん》することになりました。そこは吉備津の神主《かんぬし》の娘ですから、吉備津の御釜祓《おかまばらい》で吉凶《きっきょう》を占《うらな》ってもらうことにしました。

吉祥《きっしょう》ならば牛の吠《ほ》えるが如《ごと》く鳴る釜はリンとも鳴らなかった。それでも占いを押《お》し切《き》って二人は結婚してしまいました。

日本一長い回廊

磯良は朝早くから夜遅《おそ》くまで両親にもよく仕え、主人の性質《せいしつ》を理解《りかい》してよく尽《つ》くしたけれど、正太郎は鞆《とも》の津《つ》の袖《そで》という遊女と遊《あそ》び狂《くる》い、ついには身請《みう》けまでしました。みんなで責《せ》めても直らず、正太郎は座敷牢《ざしきろう》に入れられるのですが、磯良は鞆の遊女のもとにさえも物を運ぶのでした。正太郎は改心すると言って座敷牢から脱出《だっしゅつ》し、結局は神のいとこのいる播磨《はりま》の国へ二人で逃《に》げたのでした。磯良の落胆《らくたん》はいかばかりであったでしょう。

磯良の怨念《おんねん》で神も病で亡《な》くなり、次に正太郎も磯良の怨霊《おんりょう》で夜な夜な悩《なや》まされ続けるのでした。陰陽師《おんみょうじ》が正太郎に「あなたの命はあと7日で終わるだろう」といいました。「しかし42日間家の戸を閉め切《しき》って、呪文《じゅもん》を身体中に書き連ね、戸という戸に呪符《じゅふ》を貼《は》って、心身を清浄《せいじょう》にすれば、死と定まった命も助かる」と告げるのでした。

実際《じっさい》、磯良の怨霊がやってきては、「あな憎《にく》しや、ここに貴き符文《ふもん》を設つるよ」と退散させられていきました。

待ちに待った満願の日、外が白み始めたので、これで満願となったと正太郎は喜んで表に飛び出してしまいました。

ところが夜明けの明るさと思っていたのは、中天の月明かりだったのです。壁《かべ》には生々しい血が流れしたたり、木の枝《えだ》には髪《かみ》の毛が絡《から》んではいるが、屍《しかばね》もなかったという恐《おそ》ろしい話なのでした。

国指定重要文化財

# 本蓮寺本堂

ほんれんじほんどう

■瀬戸内市牛窓町牛窓
■室町時代中期再建
■昭和17年6月26日指定（旧国宝）

## 500年も屋根を長持ちさせた秘密は、空気を対流させる大工と左官の技術

晴れた日に牛窓《うしまど》本蓮寺本堂前にたたずめば、そして明るい瀬戸内海《せとないかい》に目を移《うつ》せば、キラキラ輝《かがや》く逆光《ぎゃっこう》の海面が小躍《こおど》りしながら広がって視野《しや》を占領《せんりょう》してしまいます。

行《い》き交《か》う小さな船は飛《と》び舞《ま》う光に戯《たわむ》れて長閑《のどか》な揺《ゆ》らめきの中で、古代の舟《ふね》になったり、中世の舟になったり、時の流れは白昼夢《はくちゅうむ》の世界を行き交い、いとも簡単《かんたん》に見る人を時代トリップに陥《おとしい》れてしまうでしょう。それはなぜでしょうか。確《たし》かにこの本堂の秘密《ひみつ》を知ってしまうと、人はこの場での時間尺度《しゃくど》を変えられてしまうのです。どのような秘密がそうさせるのでしょうか。この建物の向こう側を見てみましょう。

本蓮寺本堂の屋根は、まるで瀬戸《せと》内《うち》の優《やさ》しさそのものといえそうな、緩《ゆる》やかで美しい曲線を見せています。極《きわ》めて清楚《せいそ》な本瓦葺寄棟造《ほんがわらぶきよせむねづく》りにマッチした、低い亀腹《かめばら》を備《そな》えた実に端正《たんせい》な建物です。日頃《ひごろ》開け放つことも余《あま》りない、秘《ひ》めたる内面は意外にも柱、長押《なげし》、頭貫《かしらぬき》、壁《かべ》など全てに、今なお密教《みっきょう》色を最も残しているブータン建《けん》築《ちく》がそうするように、特有の仏教文《ぶっきょうもん》様《よう》が極楽《ごくらく》色に躍《おど》るが如《ごと》く描《えが》き詰《つ》められています。

見える世界と見えない世界に分けられた本堂はまさに曼陀羅《まんだら》が示《しめ》している人や宇宙《うちゅう》のことのようで、まるで全てで永遠《えいえん》へ向かう生命体のようでもあるのです。今回は実際《じっさい》に生き続けている話をしたいと思います。

本蓮寺は日蓮宗《にちれんしゅう》の寺院であり、創《そう》立《りつ》は延暦《えんりゃく》年間（782～805）とされています。現在《げんざい》の本堂は明応《めいおう》元（1492）年に再建《さいけん》されたものです。

1492年といえば、海の向こうでは、ちょうどコロンブスがアメリ

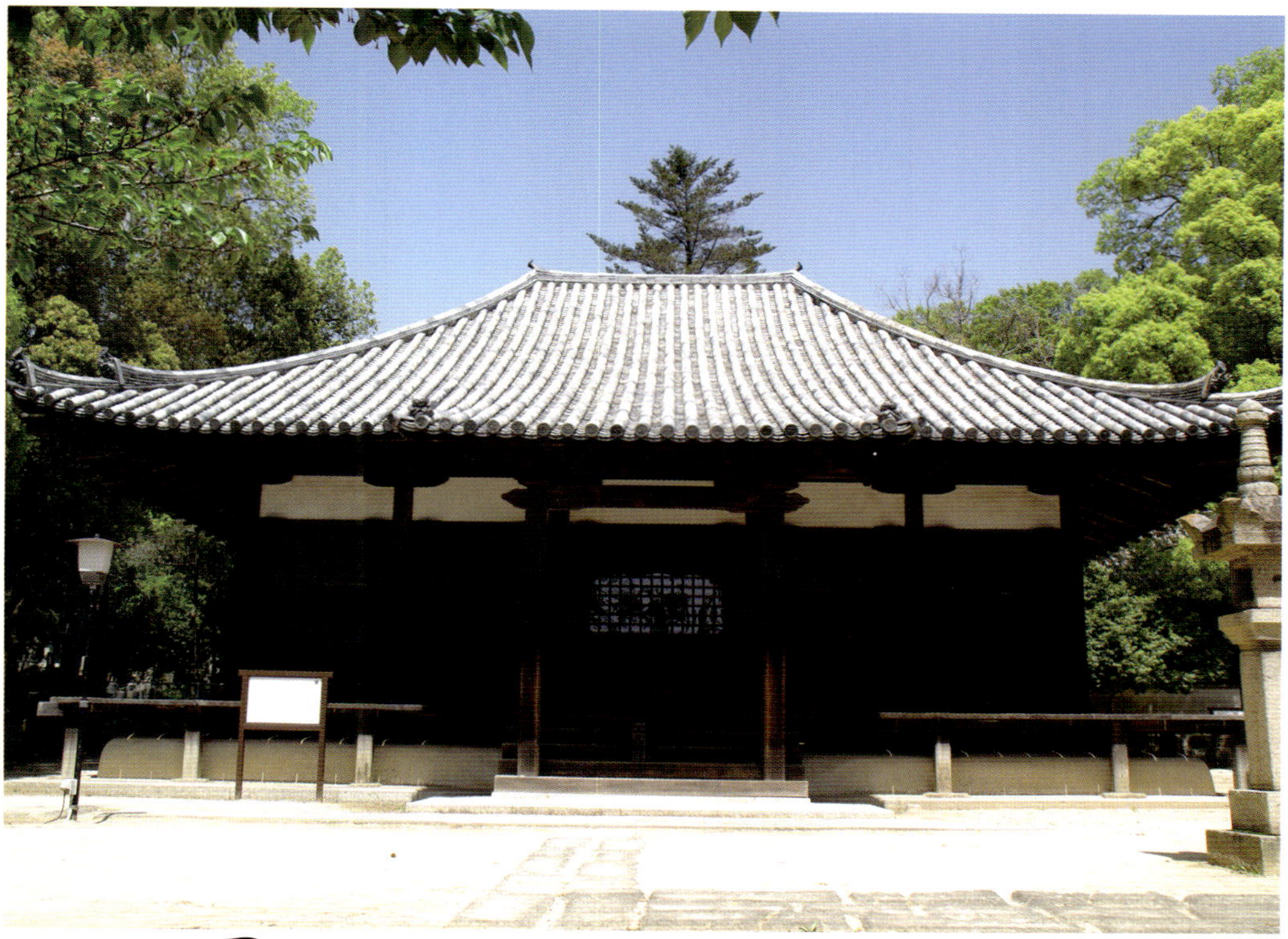

本蓮寺本堂

ここにも見えないところに
すごい技術が使われているわ

カ大陸を発見した年にあたります。

ついでにいうとアメリカはその後、ヨーロッパからの入植や、スペインからの独立《どくりつ》、南北戦争勃発《ぼっぱつ》、ペリーの開国干渉《かんしょう》、太平洋戦争、原爆《げんばく》投下、モータリゼィション、月面着陸、経《けい》済《ざい》戦争と目まぐるしく、我々《われわれ》に少なからず関わって変化してきた大きな歴史を持っています。

もともと建造物《けんぞうぶつ》の一番弱い部分は紛《まぎ》れもなく屋根です。それは草葺《くさぶき》、桧皮葺《ひわだぶき》、瓦葺《かわらぶき》のいずれであろうとみな同じです。本体部分は100年、1000年持っても、屋根は数十年単位しか持たないのが普通《ふつう》です。

本蓮寺の屋根は室町《むろまち》時代から500年間一度も葺《ふ》き替《か》えをしていないというのです。こんなことが本当にあるとするならば、日本の建築では全く前例のないことなのです。

どうして本蓮寺の屋根がこのよう

に長持ちしたのであろうかと、昭和32年の屋根葺き替えの時、文化庁《ぶんかちょう》、文化財《ぶんかざい》建造物保存技術《ほぞんぎじゅつ》協会、大学の先生など日本の建築の専門家《せんもんか》の間で大きな関心と注目を集めました。

## 屋根丸瓦の縦列ごとに風が抜けて長持ちさせる

昭和32年から取りかかった屋根大修理《しゅうり》で不思議なことが分かりました。

普通は本葺きであれば、野地板《のじいた》の上に壁土《かべつち》を置いてその上に平瓦《ひらがわら》を載《の》せ、その平瓦の左右隣接《りんせつ》部分をカバーするように丸瓦《まるがわら》を被《かぶ》せて縦《たて》一列に並《なら》べ、その丸瓦の内側にもびっしり壁土を詰めるのが普通です。

ところが、実に本蓮寺の瓦は特殊《とくしゅ》で意表をつく簡単な方法で葺かれていたのです。平瓦の緩やかに湾曲《わんきょく》した底部と野地板が接する部分にのみ上下に沿《そ》って一列に壁土を置き、丸瓦の中も空間を塞《ふさ》ぐことなく、平瓦の左右隣接部分の高まりの上へ断面《だんめん》が丸い紐状《ひもじょう》の壁土を置き、そっと上から丸瓦をのせて少し押《お》さえる程度《ていど》にしておくというやり方でした。

丸瓦の下に置く壁土も空気の通りを良くするために空間を作るように工夫《くふう》していたのです。こうして風通しを良くしておくと瓦下の温度が上《じょう》昇《しょう》すれば、空気が熱で軽くなって上方へ昇《のぼ》るのです。するとそこの空気が希薄《きはく》になって、下から冷たい空気がどんどん補給《ほきゅう》されながら上へ昇っていきます。熱くなった空気は自然に上へ上がって外へ抜《ぬ》けるようにしているのです。

いわば屋根瓦の縦一列毎《ごと》が煙突《えんとつ》になっているのです。こうすれば、焼けた瓦の熱が冷却《れいきゃく》されて、野地板に熱が伝わりにくいので、その結果として板が蒸《む》れないのです。

この蒸れこそが屋根の野地板を粉々に風化させ、壁土は天井《てんじょう》へ落ち、

白檀《びゃくだん》の柱　削り取られないために鉄釘《てつくぎ》を打ちつけたという伝承が残っています

一方で瓦はずり、ついには雨漏《あまも》りとなり、最後は屋根替えへと向かうのです。雀《すずめ》が巣をしないような屋根は長く持たないと言われる由縁《ゆえん》でもあります。

自然の対流原理を上手《うま》く応用《おうよう》したメンテナンスフリーの屋根だったことが判明《はんめい》したのです。

このように何百年も持つにしても、自分自身だけの寿命《じゅみょう》では決していつまで持つかという確《たし》かめられない工夫をなぜしたのでしょうか。

## 職人の〝慢心〟で、技術が途切れることも

多分、当時は空気が抜けやすくて長持ちする瓦葺も、もう少しは普及《ふきゅう》していたとは思うのです。何百年ぶりに屋根を開けた人が感動せず、「こんなスカスカの壁土の置き方で良いはずがない」と瓦師の自己慢心《じこまんしん》が理《り》解《かい》の邪魔《じゃま》をし、技術は途《と》切《ぎ》れたものと思われます。分かった以上、自然体で本蓮寺本堂を作り上げた岡山《おかやま》の偉大《いだい》な棟梁《とうりょう》の技《わざ》を評価し、伝えなければなりません。

ここまでの５００年を総括《そうかつ》して、大世紀末を境《さかい》として今後の５００年を見通せる本蓮寺は何と素晴《すば》らしいスポットではありませんか。アメリカの歴史など一気呑《の》みです。全国に誇《ほこ》れるもので、今後の日本文化のあり方を測るこの「岡山文化の優《すぐ》れた物差しである本蓮寺」を作った大工や、左官たちに改めて感謝《かんしゃ》しなければなりません。これから５００年先もこの眼下《がんか》にのどかに船が美しく行き交っていることを願わずにはいられません。生き続けることの難《むずか》しさ、いとおしさ、素晴らしさのすべてがここにあるようです。

本堂内部の極楽色の仏教文様

国指定重要文化財

# 大橋家住宅

おおはしけじゅうたく

■倉敷市阿知三丁目
■江戸時代
■昭和53年1月21日指定

## 耐火金庫や壁や天井裏など ユニークな工夫満載

大橋家住宅は主屋や表門、米蔵《こめぐら》、内蔵《うちぐら》、書斎《しょさい》など41の部屋数を擁《よう》する大型住宅です。大橋家の先祖は宝永《ほうえい》年間から現在地《げんざいち》に居住《きょじゅう》し、新田・塩田開発を手がけて財《ざい》を成し、さらに後には金融業《きんゆうぎょう》を兼《か》ねた大地主となり、幕末には庄屋《しょうや》も務《つと》めていました。

大橋家の建築《けんちく》年代は「大橋家普請《おおはしけふしん》覚《おぼえ》」によって寛政《かんせい》8（1796）年11月吉日から建築が始まって、嘉永《かえい》4（1851）年頃《ごろ》まで次々と増築《ぞうちく》されていることが分かっています。

現在の大橋家で最も古い墨書銘《ぼくしょめい》は主屋の柱に書かれたもので、寛政9（1797）年8月11日銘です。米蔵、台所は寛政11年です（実はさらに古い墨書銘が倉敷《くらしき》で最も背丈《せたけ》の高い隣《りん》接《せつ》の「ホテル日航倉敷《にっこうくらしき》」の喫茶室《きっさしつ》に転用されている旧大橋家米蔵にあったのです。それは寛政8（1796）年秋7月になっていましたが、修理《しゅうり》にかかるまで分からなかったので、古いけれど指定外になっています）。

大橋家は江戸《えど》時代後期の富裕《ふゆう》な商家の生活と建築技術《ぎじゅつ》が分かる貴重《きちょう》な文化財《ぶんかざい》です。平成3（1991）年12月より平成7（1995）年3月31日まで3年余《よ》月、4億7000万円という長い歳月《さいげつ》と巨費《きょひ》を投入して、全面解体《かいたい》完全復元《ふくげん》という修理を行いました。

今回はこの大橋家を解体修理して分かった知られざる、数々の驚異《きょうい》の技法《ぎほう》を紹介《しょうかい》しましょう。大橋家は金融業も営《いとな》んでいただけあって、各所に最大級の工夫《くふう》が施《ほどこ》されていました。

火事になっても絶対《ぜったい》にお金が焼失《しょうしつ》

大橋家住宅主屋

しない特殊《とくしゅ》な金庫を備《そな》えていたのです。

また金庫は誰《だれ》でも近づけないし、近づいたらすぐ分かるようにしてありました。金庫のある蔵《くら》へ行くためには主人が居《い》る部屋の前を通らなければ行けないようにしていたのです。一般的《いっぱんてき》な蔵は屋敷《やしき》と別《べつ》棟《むね》になっていますが、大橋家は蔵の入り口が居間《いま》側からしか入れないようにしていました。これが内蔵といわれるものです。でもまあその程度《ていど》ではさほどビックリはしませんよね。

金庫は蔵の中にあればより安心ですが、木《もく》造《ぞう》住宅が密集《みっしゅう》しているところでは、町中が火の海になるような大火があったら蔵といえども絶対安心とはいえません。また怖《こわ》い強盗《ごうとう》が押《お》しかけた時も、「何でも持っていけ」と言い放てる対策《たいさく》はあったのでしょうか。それがここ倉敷にはあったのです。

## 全焼火災に対応した備前焼の地下金庫

解体がかなり進んだ頃《ころ》、「何と妙《みょう》なものが出てきた」と電話が掛《か》かってきたので、すぐ現地《げんち》へ急行しました。

内蔵の床板《ゆかいた》をめくって降《お》りて見ると、そこは硬《かた》い地面ではなく、さらさらとした砂浜《すなはま》のような感じになっているではありませんか。床下丈《ゆかしたたけ》も普通《ふつう》のものより少々高く、そこには砂が全面に、厚《あつ》さが50センチほども敷《し》き詰《つ》めてありました。

備《そな》え付《つ》けの、舟底《ふなぞこ》の水を汲《く》み出《だ》す木製《もくせい》の「アカ取り」と呼《よ》ばれるユリノコで、砂を周辺へかきはねながら掘《ほ》り下《さ》げると、やがて石板蓋《ぶた》が見えてきました。それを取り外すと備前《びぜん》焼《やき》「三石入大甕《さんごくいりおおがめ》」が現《あらわ》れたではありませんか。

蔵の床下　この砂の下に備前焼の金庫がありました

これぞまさしく天保《てんぽう》3年に作った、これまで見たことも聞いたこともない完全耐火《たいか》金庫です。盗賊《とうぞく》も絶対にその所在《しょざい》さえ気が付かないやり方でした。

これなら万が一、倉敷の町中が全《ぜん》焼《しょう》する大火に遭《あ》っても、絶対にお金は焼失しません。保険《ほけん》のない時代でも先人はそのように用意周到《しゅうとう》な備えをしていたのです。世間の目には絶《ぜっ》望的《ぼうてき》に見える災難《さいなん》があったとしても驚《おどろ》くほど素早《すばや》く立ち直れたことでしょう。

今の時代、保険、年金、防衛《ぼうえい》と個《こ》人《じん》から国家まで安易《あんい》に平安と危機《きき》管理を他人や他国任《まか》せのシステムに委《ゆだ》ね過《す》ぎてはいないでしょうか。もちろんそれらが全て悪いというわけではありませんが、怖《こわ》いのは心構《こころがま》えの欠如《けつじょ》や麻痺《まひ》という油断《ゆだん》です。安全はタダだと思っていたらいつかは慌《あわ》てて後悔《こうかい》することになるでしょう。用意周到にしておけば、掛《か》け金《きん》ゼロの火災《かさい》保険といえないでしょうか。

また、驚くべき技法として、当時の人は隙間《すきま》風さえも絶対に入らない壁《かべ》を作っていました。例えば壁と柱の間には「のれん」といって、紙にペーパーナイフを当てる要領《ようりょう》で、布に箸《はし》のような細い「どうぶち」を挟《はさ》んで、そのままそのどうぶちを柱に押《お》し当《あ》てた状態《じょうたい》で、釘《くぎ》を柱側に向けて打ちつけて、ひらひらする布を壁に塗《ぬ》り込《こ》んでしまう技法です。こうしてできた壁は完璧《かんぺき》で、壁が収縮《しゅうしゅく》しても隙間風の入りようがありません。

また、壁の芯《しん》であるコマイ竹を組んで縛《しば》って固定するのは、細い藁縄《わらなわ》ではなく高級和紙原料として使うあの超《ちょう》強力な雁皮《がんぴ》の細紐《ひも》を使って、しっかり結んでいたために解体時点も、強靭《きょうじん》さはいささかも劣化《れっか》していませんでした。

さらに壁土が剥離《はくり》して落下するのを防ぐために、「ヒゲコ」といって、上部をコマイ竹に固定した雁皮細縄を左右に時計の8時20分の「八の字ヒゲ」のスタイルで20センチほどのものを、あちこち多数垂《た》らし、それをそのままの状態で塗り込んでいるので、細縄でも抜《ぬ》けません。

しかも粗壁《あらかべ》から仕上げまで場所によっては7、8層も四季を超《こ》えて塗っています。その塗る都度、雁皮紐を少し表面に引き上げてはまた塗っていくために、平面的には八の字でも、側面から見たら何層《なんそう》も斜《なな》めに貫《かん》通《つう》しているわけだから、壁土の重量を各層《かくそう》でしっかり支《ささ》えて落ちない理《り》屈《くつ》になっているのです。

これはコマイのみの壁と違《ちが》って落下に対しては格段《かくだん》に強いといえます。先人は見えない場所へ力をこんなにも注いでいるのです。

## 天井裏にネズミ対策も

さらにこの他、絶対にネズミが天《てん》井《じょう》を走らないユニークな工夫もありました。天井裏《てんじょううら》へぎっしり栗《くり》のイガを敷き詰めているのです。ネズミの足裏《あしうら》の肉球は非常《ひじょう》に柔《やわ》らかいので、走れるはずがありません。ネズミは黙《だま》って他所《よそ》へ引《ひ》っ越《こ》したことでしょう。

このように枚挙《まいきょ》にいとまがないほど、随所《ずいしょ》に隠《かく》された技法と知恵《ちえ》が溢《あふ》れています。現代人《げんだいじん》が忘《わす》れかけている真剣《しんけん》さが静まりかえった大橋家住宅のたたずまいの向こう側に、傑出《けっしゅつ》した知恵として輝《かがや》いているのです。

台所

北側の庭を望んでいます

粗壁から仕上げまで色違いで幾層《いくそう》も塗られています

県指定重要文化財

# 正楽寺山門（龍になった大工）

しょうらくじさんもん

■備前市蕃山
■文化14年
■平成3年1月10日備前市指定重要文化財
■平成29年2月20日岡山県指定重要文化財にすることを決定

## 軒裏に斬新な超絶技巧の彫刻で装飾

　みずみずしい新緑の頃《ころ》に備前市《びぜんし》蕃《しげ》山《やま》の正楽寺を訪《たず》ねると、見たことのない不思議なものに遭遇《そうぐう》するでしょう。静寂《せいじゃく》と美しさとせせらぎを乗せたやさしい風に誘《さそ》い込《こ》まれるように山門に近づいて、何気なく山門の庇《ひさし》を見上げた次の瞬間《しゅんかん》、誰《だれ》もが息を呑《の》んでしまう光景に出くわします。今までの静けさは、この激《はげ》しい感動へ誘《いざな》う粋《いき》な仕掛《しか》けだったのでしょうか。

　軒裏《のきうら》の四周全面に巡《めぐ》らされた二重支輪《しりん》の外側に波涛《はとう》、内側に湧雲《ゆううん》が深々と彫《ほ》り込《こ》まれているせいのようです。驚《おどろ》くのは彫刻《ちょうこく》の大迫力《はくりょく》だけではありません。それら分厚《ぶあつ》い欅《けやき》の板を使って、板と思わせないほどの深い彫刻が一本の釘《くぎ》も使わず取り付けられているのと、軒裏なのに垂木《たるき》が一本も無いのです。すべて見たこともない斬新《ざんしん》さで仕上げられているではありませんか。

　もはや建築《けんちく》の概念《がいねん》を超《こ》えた雄渾《ゆうこん》な彫刻です。正楽寺以外に、このような山門は岡山県下《おかやまけんか》では見たことがありません。

　彫刻を側面や柱にではなく、軒下《のきした》に施《ほどこ》しておくということは、よく考えてみると、風雨や日光にさらされることもなく、埃《ちり》が積もることもなく、人の手で傷《きず》つけられることもありません。その上誰もが真上を見上げるようにして全容《ぜんよう》を見るので、大工冥利《みょうり》につきるというわけです。

　これを作った大工とは一体どのような人で、何を想《おも》い抱《いだ》いていたのでしょうか。私《わたし》はふと、サグラダファミリア教会を作ることで、時代の意《い》識改革《しきかいかく》を試みたアントニオ・ガウディの岡山版《ばん》とでもいえなくもないと思いました。この大工とどうしても話がしたくなりました。文化14（1817）年にこれを作った大工は播《はり》

正楽寺山門

磨国《まこく》赤穂《あこう》の棟梁《とうりょう》野村長《のむらちょ》右衛門《うえもん》信慶《のぶよし》です。

そこで私はわずかばかり重なり続く山門の石段《いしだん》に腰《こし》を下ろして初夏を迎《むか》えたモミジの緑《りょく》陰《いん》で濾過《ろか》された涼《すず》しい空気の中に身を委《ゆだ》ねました。聞こえてくる門前を流れる小川からのせせらぎだけが現実《げんじつ》世界の私とちょうど２００年前の彼《かれ》とを繋《つな》ぎ止《と》めてくれる天然の装置《そうち》でもありました。作者に話しかけるには、これ以上の環境《かんきょう》はありません。

天空一杯《いっぱい》にごうごうと風雲急を告げて渦巻《うずま》く嵐《あらし》。尾垂木《おだるき》に刻《きざ》まれた龍《りゅう》が怒涛《どとう》を掻《か》き破《やぶ》って舞《ま》い始《はじ》めました。大工はこの雲に乗って龍になりたかったに相違《そうい》ない。いや龍になったことでしょう。

この山門は文化《ぶんか》７（１８１０）年の開始から、７年の歳月《さいげつ》をかけて建てられています。隙間《すきま》もひずみもどこにもありません。彼の最高傑作《けっさく》でありましょう。

実はここで彼を知る上で肝心《かんじん》なことは時代背景《はいけい》かも知れません。

日本の建築や美術《びじゅつ》工芸全般《ぜんぱん》が、この文化文政《ぶんせい》期に至《いた》って、ある意味での成熟《せいじゅく》を遂《と》げ、ますます規模《きぼ》は小さく、意匠《いしょう》はワンパターンで固定化し、技術《ぎじゅつ》は抹消《まっしょう》に走っていった時代でありました。一方、政治《せいじ》は幕末《ばくまつ》の政情《せいじょう》緊迫《きんぱく》によって、文化はいよいよ見るものを失い顧《かえり》みられなくなってしまっていました。このような時代の次には、生命を揺《ゆ》り動かすようなものが成し遂げられることもまた事実なのです。

どのような時も地方には正常《せいじょう》さが最後まで残っていたのかもしれません。今日の日本の社会情勢《じょうせい》の中で、打つ手を見い出せずもたついていることと似《に》ているように思います。いつになったらこの先、良い兆《きざ》しが表れるのでしょうか。

その見えにくいものを見抜《みぬ》くために、とりわけマンネリ化し力を失ってしぼんでいく時代の中にも、忘《わす》れてはならないのは次なる新しい時代の予兆もあるというもう一つの見方の大切さについてです。

再《ふたた》び岡山版ガウディー建築を作った野村長右衛門信慶の気持ちにもどってみましょう。きっとこの正楽寺を作った異端者《いたんしゃ》も、アドベンチャラーとして挑戦《ちょうせん》してみたものの、将来《しょうらい》に対して歪《ゆが》みや彫刻した軒の落下、そして何より後世の人の評価《ひょうか》を気にし続けていたに相違ありません。

建築など一代で評価できるものではない大きな仕事の場合、そのことが気がかりだったことは想像に難《かた》くないのです。

時代に勢《いきお》いがなくなると、おしなべてモノにも勢いがなくなるのが普《ふ》通《つう》です。ところが時代の転換期《てんかんき》には、見るべきものを失っていく中でなお、次なる新たな生命を揺り動かせるようなものが「予兆」のように現れるのを見逃《みのが》してはならないのです。

寿命《じゅみょう》のある人間は、大工本人では後世の人を感動させたか否定《ひてい》されたか、確《たし》かめることができません。評価の定まった伝統的《でんとうてき》なものならともかく、後世のわれわれに審判《しんぱん》を任《まか》されている場合、確《たし》かめたわれわれはそれを当人に伝える義務《ぎむ》がまたあるのです。

それにもましてこの山門の向こう側に、冒険《ぼうけん》しない時代に冒険する人間のいたことと、明治維新《めいじいしん》への先行的萌芽《ほうが》としての建築や芸術とその意味を垣間見《かいまみ》たように思います。私の心をこれほど揺《ゆ》さぶった建造物《けんぞうぶつ》を作った棟梁に、甚《いた》く感動したことを伝えたいのです。

正楽寺の石塀《いしべい》

国県指定重要文化財

# 旧遷喬小学校《きゅうせんきょうしょうがっこう》

■真庭市久世町鍋屋
■平成11年5月13日指定

## 地域の教育に対する期待の結晶
## 洋風建築を手がけた江川三郎八の設計

旧遷喬小学校は明治《めいじ》40（1907）年7月20日に竣工《しゅんこう》しました。当時の建設費《けんせつひ》は1万8000円だったのです。現代《げんだい》のお金でおよそ40億から50億円になるといわれ、それを2年間で完成しました。当時の久世町《くせちょう》の年間の予算規模《きぼ》は6000円（今の18億円）であったというのですから、町が使えるお金のほぼ3倍のお金を一つの学校に注《そそ》ぎ込《こ》んだことになります。とてつもなく高額《こうがく》を教育に注いだことになります。当時、教育はそれほど希望そのものでした。

この建物はとても均整《きんせい》の取れた美しい建造物《けんぞうぶつ》です。しかし時代を隔《へだ》てた古写真をよく観察すると、昔からずっと同じではなく、屋根の瓦《かわら》やルーフクレスト（紋章風《もんしょうふう》の棟飾《むねかざ》り）など色々な時代的変遷《へんせん》があります。

瓦一つ取っても、薄《うす》く剥離《はくり》する粘《ねん》板岩《ばんがん》（頁岩《けつがん》）製《せい》の瓦に墨書《ぼくしょ》で「石板屋根葺《ふ》き替《か》え」とあったことから、これは葺き替え用で、最初期のものではないことも分かります。それより前にはまた違《ちが》った瓦が使われていたことになります。では最初はどのような瓦が葺かれていたのでしょうか。

その謎《なぞ》を解《と》く鍵《かぎ》が校舎《こうしゃ》の床下《ゆかした》にありました。未使用の洋風仕立ての和製瓦が出てきたのです。創建《そうけん》当初、どのような瓦を載《の》せるかということに苦心があったのでしょう。新たにデザインした日本製《にほんせい》の四角な瓦を作り、45度回転させ菱形風《ひしがたふう》の頂点《ちょうてん》を野地板に固定して洋風に見せる葺き方をしていたことも分かってきたのです。

次が先述《せんじゅつ》の頁岩製の石板瓦になっているのです。屋根替えの時、洋風建築《けんちく》だから、ここは瓦も西洋から取り入れて葺こうという本格派《ほんかくは》の人がいて、その意見が通ったのでしょうか。それから今日見るように、中央

旧遷喬小学校全景

屋根部分が石板製、左右の屋根が今日最もポピュラーに普及《ふきゅう》している極《ごく》普通《ふつう》の平瓦となっています。3回目の葺き替えの時は財政的《ざいせいてき》に厳《きび》しくて、見栄《みば》えよりも既製《きせい》品で安く仕上げようとしたのでしょうか。

縦横《じゅうおう》にすっきり筋《すじ》が通った平和瓦《ひらわがわら》葺になったようです。100年の歴史の中でどうも3回葺き替えられており、最初が西洋風の瓦を日本人が和瓦で作り、それから30~40年で、こだわりなのか、何があったのか粘板岩の純《じゅん》西洋瓦そのものに替え、そして最後には現在《げんざい》の平和瓦にもどすという変遷をたどっているところが興《きょう》味《み》深い。そこには言うに言われぬ経《けい》済事情《ざいじじょう》と、和洋折衷《わようせっちゅう》や環境適合《かんきょうてきごう》を求めて果敢《かかん》に模索《もさく》して行くという、切ないような日本人独特《どくとく》の飽《あ》くなき努力や、お金がなくなれば合理性が通ってしまうという、何だか今の時代の先駆《さきが》けをも見ているように思いませんか。

設計《せっけい》は岡山県庁《おかやまけんちょう》の工手（技師《ぎし》）で、当時広く県下の公共の洋風建築を手がけた、江川三郎八《えがわさぶろうはち》（1860~1939）によるものです。彼《かれ》が設計したとはっきり分かるものだけでも岡山県下で21棟《とう》も残っています。

建築に使用した木材は木山神社《きやまじんじゃ》（旧落合町《きゅうおちあいちょう》）近くの大きく育った桧《ひのき》や杉《すぎ》の国有林があったので、それを払《はら》い下《さ》げてもらい、良材をふんだんに使ったといわれています。

2階中央が講堂《こうどう》で、二重折り上げの洋風格天井《ようふうごうてんじょう》で、鏡板は全て桧の柾《まさ》目板《めいた》。当時は向かって左が女子用、右が男子用教室にきちんと分かれていました。校舎の外観は美しいシンメトリック（左右対称《たいしょう》）なデザインになっています。当時、螺旋階段《らせんかいだん》は日本では超《ちょう》モダンな雰囲気《ふんいき》をまき散らせたことでしょう。

一番高い屋根の棟部分にルーフクレストが1列に付いていたのですが、戦争中金属《きんぞく》不足の中で鉄材として供《きょう》出《しゅつ》したまま旧《きゅう》に復《ふく》していないのです。古写真だけが当時の世相を記憶《きおく》しているのです。

マンサード屋根（中央部のみ傾斜《けいしゃ》をゆるめた腰《こし》折《お》れ屋根）、ドーマウィンドウ（屋根の斜面《しゃめん》に取り付けた明《あ》かり採《と》りの窓《まど》）などが洋風建築の主要デザインですが、ベネチァ風窓（正面左右2つの破風《はふ》のところにある機《き》能《のう》しない装飾《そうしょく》窓）は日本ではここだけといわれる珍《めずら》しいものです。

ハーフチェンバー（ベネチア風窓の下などにあるX型の筋違《すじちが》いのような飾り）も耐震性《たいしんせい》向上を増《ま》す筋違いとしての洋風建築の特徴《とくちょう》です。

この大きな建築物を支《ささ》えるためには、地下2メートルまで掘《ほ》って石を入れて基礎《きそ》としているのです。これもまだ経験《けいけん》のない中、徹底的《てっていてき》に次世代に汚《お》名《めい》を遺《のこ》さないための姿勢《しせい》がみてとれます。基礎打ちコンクリートパイルで、手抜《てぬ》きをして問題になって世間を騒《さわ》がせた昨今の企業《きぎょう》ぐるみの手抜き工事とは同じ日本人かと思うほど違います。

江川三郎八は旧《きゅう》閑谷《しずたに》学校《がっこう》資《し》料館《りょうかん》↓遷喬小学校《せんきょうしょうがっこう》↓吹屋小学校《ふきやしょうがっこう》の順番に作っています。それらは誰《だれ》でも気軽に見えるものなのでそれぞれ比較《ひかく》するのも面白《おもしろ》いでしょう。時代、財力《ざいりょく》、思いの違いなどがわかるかも知れません。

当時は超モダンな螺旋階段

県指定重要文化財

# 旧吹屋小学校

きゅうふきやしょうがっこう

■高梁市成羽町吹屋
■平成15年2月21日　指定

## 国内最古の現役使用校舎だったが閉校
## 明治から平成に至る吹屋の〝生き証人〟

吹屋小学校の前身は、明治《めいじ》6（1873）年に開校した拡智《かくち》小学校です。それが明治32（1899）年に標高522メートルの現在《げんざい》の場所に移転《いてん》し、吹屋尋常《じんじょう》小学校と改称《かいしょう》されました。

さらに木造《もくぞう》平屋建ての西校舎と東校舎が明治33（1900）年に増築《ぞうちく》されました。三菱《みつびし》（現三菱マテリアル）が明治26（1893）年1月に精錬所《せいれんじょ》を坂本《さかもと》の寺畝《てらうね》に、同年3月に従来《じゅうらい》の本部事務所を坂本へ移転したので、新しい吹屋尋常小学校は三菱の事業所事務所跡《あと》に建てられたのです。その後明治42（1909）年に現在の校舎《こうしゃ》中央の本館玄関《げんかん》部分が作られて最終的な吹屋小学校の形が整いました。

それが平成24（2012）年3月20日の最後の卒業式と閉校式《へいこうしき》まで、全て現役《げんえき》で使われていました。

それまで現役使用建物としては国内最古の小学校でしたが、その年度の児童数は全校で7人、そのうち3人が6年生で6年生が卒業すると、残るは4人となります。しかも新入学児童見込数《みこみすう》はゼロとなり、遂《つい》に閉校となったのです。

日本の鉱山《こうざん》というのは江戸《えど》時代までは細々ではあっても、日本国内のみで完結する経済《けいざい》であったことから息の長い経営《けいえい》が普通《ふつう》でした。ところが、明治の官営《かんえい》、大正《たいしょう》の民間による企業《きぎょう》経営と、わが国は初めて国際《こくさい》化《か》と近代化の波にのまれていきました。

そうなると景気やあらゆるものの国際商品相場の乱高下《らんこうげ》の中で、好況《こうきょう》の時は猛烈《もうれつ》な繁栄《はんえい》を享受《きょうじゅ》しても、突《とつ》然《ぜん》のように不況《ふきょう》が襲《おそ》いかかった時はひとたまりもなく、衰退《すいたい》と破綻《はたん》を被《こうむ》ってしまうようになったのです。吹屋はもともと銅山《どうざん》として、平安《へいあん》時代初期の大同《だいどう》2（807）年に遡《さかのぼ》るよ

吹屋小学校全景

うな古い歴史を持っていました。
室町《むろまち》時代には銅山としてさらに脚《きゃっ》光《こう》を浴《あ》び、銅を吹《ふ》く炉《ろ》の煙《けむり》は天を覆《おお》い、銅山に従事《じゅうじ》する人の建物は「大《おお》深千軒《ぶかせんげん》」とうたわれるほど非常《ひじょう》に賑《にぎ》わっていたといいます。それにベンガラの繁栄が加わっていきました。

ともあれ吹屋の本格的なベンガラの色の良さや、供給《きょうきゅう》の安定性から、伊《い》万里《まり》（有田《ありた》）焼、九谷《くたに》焼向けの世界最高級磁器用《じきよう》の赤色顔料として95％以上のシェアを獲得《かくとく》していったのです。

吹屋小学校小屋組のトラス構造

全解体された吹屋小学校（フェンスの向こうの石垣側《いしがきがわ》が北）

しかし、銅《どう》もベンガラも遂には消《しょう》滅《めつ》し、吹屋の町は歴史の中へ消えようとしているのです。吹屋小学校はグローバル化の中で繰《く》り広《ひろ》げられた栄枯盛衰《えいこせいすい》の生き証人《しょうにん》のようなものです。

校舎そのものは大きさでは遷喬《せんきょう》小学校にはかないませんが、景気の乱高下、材の善《よ》し悪《あ》し等は、その時代的背景《はいけい》の中で見なければなりません。

２階講堂《こうどう》内部の折り上げ天井《てんじょう》ならびに演壇《えんだん》、トラス構造《こうぞう》では県下で最もしっかりしているところがあると思えば、和洋折衷《わようせっちゅう》から来る限界《げんかい》も見ることができます。

吹屋小学校は平成27（２０１５）年度から解体《かいたい》し、５年計画で完全復《ふく》元《げん》し、生まれ変わります。ベンガラと鉱山の町吹屋は、私《わたし》たちやさらなる子孫へどのようなメッセージを託《たく》そうとしているのでしょうか。それは大きな見どころになるはずです。学習観光で再生《さいせい》を図っていくことになるでしょう。

# 京橋

きょうばし

■岡山市北区　京橋
■大正6年建設
■平成12年
日本土木学会推奨「土木遺産」

## 岡山県下の最古、しかも唯一の鋼製桁橋

「近代化遺産《いさん》」というのは日本の「近代化」に果たした遺産を指し、時代的には幕末《ばくまつ》から第2次大戦直後くらいまでの、近代化の過程《かてい》をよく物語る文化財《ぶんかざい》を「遺産」として残そうとする考えから生まれたものです。

その発端《ほったん》は、阪神淡路大震災《はんしんあわじだいしんさい》を教訓として、指定文化財以外の貴重《きちょう》なものが一体どれほど、そして具体的に何がどこにあったのか皆目《かいもく》分からなかったことの国家的反省から、指定文化財に次ぐような文化財を記録（登録）だけでも残しておこうという考えのもとに生まれたのが、「登録文化財」制度《せいど》なのです。次に生まれたのが「近代化遺産」等です。特に「近代化遺産」は新しいがゆえに、人々の間にはまだそれほど大切なものだという感覚が薄《うす》く、放っておくと、日本の激《はげ》しい時代変化の荒波《あらなみ》の中で何《いず》れ簡単《かんたん》に無くなってしまう可能性《かのうせい》があるので、そのようなことが起こる前に、これを保護《ほご》しようとする考えから生まれたものです。

岡山市《おかやまし》の旭川《あさひがわ》に架《か》かる京橋は近代化遺産指定物件ではないけれど、岡山の近代化遺産の中の一つのシンボル的なものだと思います。日常《にちじょう》の変化の激しさとせわしさの中で、無意《むい》識《しき》の風景に取《と》り込《こ》まれ、ほとんど振《ふ》り向《む》かれることがないけれど、幾多《いくた》の歴史を背負《せお》いながらそこに存在《そんざい》し、日本の交通や土木の近代化の波の中において、岡山の近代化を支えた先人の不思議な技術《ぎじゅつ》と、熱い思いと戸《と》惑《まど》いと、未経験《みけいけん》な技術下で作ってなおかつ、もう100年もじっと何事もなく耐《た》えているのです。仕事の確《たし》かさはどこから来ているのかを知って欲《ほ》しいのです。

近世まで旭川に一本の橋を架ける

ことが至難《しなん》の業《わざ》であったことを思うと、土木技術の進歩とその恩恵《おんけい》は計り知れないものがあります。現在《げんざい》でこそ、後楽園《こうらくえん》上流の新鶴見橋《しんつるみばし》から旭川河口《かこう》の児島湾大橋《こじまわんおおはし》まで全部で11本の橋が架《か》かっています。しかしそれらも利便性と先人の度重《たびかさ》なる風水害《ふうすいがい》との戦いとその経験の積み重ねの上に成り立っていることを忘《わす》れてはならないのです。

歴史は、それこそこの京橋一本を架けたり、大水で失ったり、また架けたりと人々の暮《く》らしにとってみても大変なことであったことを示《しめ》しています。

京橋架橋《かきょう》のスタートは今から423年前の文禄《ぶんろく》2（1593）年の架《か》設《せつ》から始まったのです。次に正保《しょうほう》2（1645）年に最初の架《か》け替《か》えが行われ、以降、承応《じょうおう》3（1654）年、延宝《えんぽう》3（1675）年、天和《てんな》3（1683）年、天明《てんめい》4（1784）年、弘化《こうか》4（1847）年と、そして大《たい》正《しょう》4（1915）年に現在の鉄の橋《きょう》脚《きゃく》をもつ橋に架け替え着手しているのです。実に7回にも及《およ》ぶ架け替えの歴史を持っています。大正6年完成した現在の橋は、電車やバスも走る橋なのに2017年が100年記念の年となります。

最初期に手探《てさぐ》りで架橋した文禄期の橋、天明飢饉《ききん》真っ最中に架けた橋、第1次世界大戦、米騒動《こめそうどう》、ロシア革《かく》命《めい》、手慣れない技術で戸惑った大正期の橋……。なぜか稚拙《ちせつ》な最初期の技術や困難《こんなん》な時代に作ったものが最も良く耐えているという事実を見つけました。それは単なる偶然《ぐうぜん》でしょうか。岡山には見えない教師がいくらでもいるのです。

今の京橋は県下に現存《げんぞん》する最古の鋼製桁《こうせいけた》の橋であるばかりか、鋼製桁橋は今や県下にはこれしかありません。全長は131・2メートル、全幅《ぜんぷく》14・9メートル、桁高《けたこう》7メートル、最大スパンは9メートルです。水流方向へ橋脚は5本で立ち、東西方向14列、結果京橋は60本の鋼鉄桁で支《ささ》えられているのです。

大正4年は日本に初めて鉄筋《てっきん》コンクリート（RC）なるものが誕生《たんじょう》した年です。今の京橋はその大正4年に着手することになった橋です。

しかし京橋は鉄筋コンクリート製《せい》ではなく、もっとユニークな発想で作られたのです。普通《ふつう》の鉄筋コンクリートは芯《しん》が鉄筋でその外側がセメントになっているのに、ここでは逆《ぎゃく》で筒状《つつじょう》鉄板枠《わく》の中にコンクリートを流し込むやり方で作られているのです。

すなわち鉄板によるコンクリート巻寿司《まきずし》構造《こうぞう》の橋脚になっているのです。直径50センチ程《ほど》のパイプを作るため

京橋

に、1メートル四方、厚《あつ》み1センチの鉄板を京都の銘菓《めいか》「八ツ橋」のような形に曲げて、縦《たて》方向には全長七メートルの長さに継《つ》ぎ足《た》しながら、リベットで締《し》めて長い筒《つつ》を作り、その中にバラス入りセメントを流《なが》し込《こ》んでいます。一見鉄パイプに見えるこの橋脚は、シームレス管でもなければ溶接管《ようせつかん》でもありません。

　それにしても鉄筋コンクリート技《ぎ》法《ほう》（RC）を採《と》っていない京橋のコンクリート巻寿司構造の橋脚が、始まったばかりの新技術を採用《さいよう》しなかったのは、まさかの時の不安が払拭《ふっしょく》できなかったのでしょうか。それとも地方岡山への技術移転《いてん》がなされるまでの時間差を意味しているのでしょうか。

　海水にも触《ふ》れる鋼製では塩分による錆腐蝕《さびふしょく》への闘《たたか》いの課題《かだい》もあったはずです。先人の労苦を偲《しの》ばずにこの京橋を見ることはできません。

　橋上面中央部には、大正12（1923）年7月9日からここを走っている路面電車のために、線路が上下線2本敷《し》かれています。戦後間もなくまで県下で一番賑《にぎ》わっていたのはこの京橋界隈《かいわい》だったのです。現在、日中には2、3分の間隔《かんかく》で電車が橋の上をゴーゴーと通過《つうか》しているのですが、たった30センチという驚異《きょうい》の路面厚さで持ちこたえているのです。

京橋、中橋、小橋はフラットに続いています。電車の向こう側にあるのが京橋水管橋

　東から、小橋、中橋、京橋と一直

線四〇〇メートルの間に3本の橋が縦横《たてよこ》両方向に、ほとんどフラットで一連の橋のように続いており、電車が通るにも好都合なのです。線路の外側は車道と歩道と自転車道になっていて、県道岡山牛窓線《うしまどせん》として現在一日9000台ほどの交通量を誇《ほこ》っています。交通の他に、ガスや電話、電気等のライフラインも走っています。

　現在の京橋一帯はすっかり公園化され、一番賑《にぎ》わっていた場所も今や昔日《せきじつ》の感です。人が作ったどの様なものにも人々のメッセージや歴史が詰《つ》まっているものです。例えば、スタジアムの階段《かいだん》ベンチのように連なる石段《いしだん》が土手から川面《かわも》まで続いていますが、このつるつるにすり減《へ》った石段に、沖仲仕《おきなかし》たちの肩《かた》の荷と汗《あせ》の滴《しずく》を感じるのです。近郷近在《きんごうきんざい》、あるいは他国から物資《ぶっし》や人や情報《じょうほう》を満載《まんさい》した船が次々と入って、ひしめき合い、この石段を上へ下へと荷役《にやく》沖仲仕たちが威勢《いせい》よく上がり下がりしていました。

　近代化遺産の中に刻《きざ》み込《こ》まれた歴史に加え、私《わたし》たちの生きている時代が積み重ねられ、いずれまたそれが歴史になっていくのです。平成12（2000）年に京橋は日本土木学会推奨《すいしょう》「土木遺産」第1号になりました。

　またすぐ脇《わき》に懸《か》かっている水道管を支えている京橋水管橋は平成17年2月9日登録文化財に登録されました。明治38（1905）年製で水道用鋼製橋としては国内最古といわれています。

リベットと鋼板《こうばん》で作った大口径パイプによる橋脚

露出《ろしゅつ》した鉄は塩分には勝てず、100年経過の中で一部腐食《ふしょく》も見られます。中からコンクリート用骨材《こつざい》のバラスがのぞいていますが、早めのメンテナンスが必要です

# 古代の復元家屋

こだいのふくげんかおく

■全国各地

## 先入観で古代を見ていませんか。草葺屋根では茅などの穂先は上向き、それとも逆蒿葺?!

原始古代や古代の復元《ふくげん》家屋というものが全国のあちこちで見受けられます。これはよく分からない部分をこうではなかろうかと、問題提起《ていき》して想像《そうぞう》させるのをちょいと手助けするものであって、決してこうだったといっているわけではないこと、時には間違《まちが》っていることもありうることを知っておかなければ勘違《かんちが》いをしてしまうことにもなります。

受動的に想像する側は千差万別《せんさばんべつ》ですから、常《つね》に「本当かな」とか、時には間違っていることもあり得《う》ることを知っておく必要があります。その例えとして、際《きわ》だった一、二の例を挙げてみましょう。

その一つの例は最初の項《こう》でも述《の》べましたが、茅葺《かやぶき》屋根の葺《ふ》き方です。江戸《えど》時代に大バサミが発明されてから日本の茅葺屋根は根元を下に向けて葺《ふ》くようになりました。そうすることで軒端《のきはし》が分厚《ぶあつ》くてカンナを掛《か》けたように美しく仕上がり、日本の茅葺屋根は非常《ひじょう》に美しいといわれる所《ゆ》以《えん》でもあります。

それ以前は中世の絵巻物《えまきもの》など、色々な建物の絵を見ても分かるように、全て穂先《ほさき》が下へ向いていました。中国、韓国《かんこく》、その他東南アジア諸国《しょこく》では今でも穂先が下を向いています。雨水の流れはその方がよいのです。

ところが、5000年前の青森県三内丸山縄文遺跡《さんないまるやまじょうもんいせき》の復元家屋を始め、どこの原始古代の復元家屋も根元を下に向けています。穂先を下に向けて復元した家屋を見たことがありません。

ただ三内丸山縄文遺跡のメイン建《けん》造物《ぞうぶつ》としての「物見櫓《ものみやぐら》」の場合は慎《しん》重《ちょう》な復元をして、分からない所は分からないままにしておき、見る人に委《ゆだ》ねているところが素晴《すば》らしい。こ

原始時代の復元家屋

確かに先入観だけで
復元しない方が
いいかもね

の建物を復元するに際《さい》して、3人の研究者に意見を求めたのです。

　当時の柱の実物としての柱痕《ちゅうこん》が地下から出土しているので、太さが分かり、その太さから高さはこのくらいであろうと3人ともほぼ同じように推測《すいそく》したので、柱の組み方、立て方は現在《げんざい》の形に落ち着いたのです。しかし屋根の形で三者三様に意見が分かれました。誰《だれ》も縄文時代へ行って見てきた人はいないのですから、分からないものは分からないままにとどめたわけです。これ以上を復元すると正確《せいかく》さは3分の1からゼロの範《はん》囲《い》に確率《かくりつ》が下がることは避《さ》けられません。

　そこで誤解《ごかい》のまま固定した理解《りかい》になることを懸念《けねん》して、屋根は復元しないことにしたのです。折角ここまで復元して、最後がこうでは残念と感じる人がいるかも知れませんが、これの方が、見た人は色々な想像をかき立てられて将来《しょうらい》本当の謎《なぞ》を解《と》く人が出る可能性《かのうせい》は高くなると思います。私《わたし》はこれで良かったと思っています。

## 古代の柱の形状も一考の余地あり

間違いやすい2つ目の例は「柱断《だん》面《めん》」の形状に関することです。縄文時代以降《いこう》の住居跡《じゅうきょあと》の遺構《いこう》等からは柱の跡《あと》が大抵《たいてい》出てきます。

厳密《げんみつ》にいえば地下の柱穴《ちゅうけつ》は、柱が腐《くさ》り、その部分に土が入って区別されるところの「柱痕」、柱の地下部分が遺物《いぶつ》として地面下になお残っている「柱根」、柱を埋《う》めるために掘《ほ》る穴《あな》は柱よりひと回り大きめの手掘穴《てぼりあな》としてあけられた「掘り方穴」の三つに分類されます。そしてこうした穴はどれも確《たし》かにほとんどが丸いのです。穴の径を柱の太さと混同してはならないというのが第一の問題提起です。柱を直《じか》に土中に埋める「掘立《ほったて》柱」形式が、日本の家屋建築《けんちく》の初期形式です。

そして柱の根元が土中に埋められるので、風に対しても倒《たお》れ難《にく》いメリットを持つのですが、反面柱は湿《しめ》った土中に埋もれているので、どうしても腐りやすいのです。

柱を支《ささ》える礎石《そせき》が使われるようになるには、7世紀末まで待たねばならなかったのです。柱の根元が地中ではなく、地上の礎石の上なので長持ちはしますが、反面風に吹《ふ》き飛《と》ばされる恐《おそ》れが出てきたはずです。大風に持ちこたえるためには建築物の荷重を重くする必要があります。壁《かべ》土《つち》を塗《ぬ》ったり、大きな建物では重い瓦《かわら》を載《の》せることで倒壊《とうかい》を防《ふせ》ぐことができたのです。

それはさておき、復元家屋は今や全国至《いた》るところにあります。しかしここでも、柱は柱痕等が丸いからという理由で、例外無く地上部が丸い柱で復元されています。ここに第2番目の問題提起があります。

地下部分が丸くて地上部分が角な柱というものは、本当に無かったのでしょうか。巨大《きょだい》寺院建築は別としても、全国どこにでも建てられている普通《ふつう》の建物や、一般《いっぱん》の住居の場合柱は全て丸かったのでしょうか。

地中に埋まる柱は四角よりも丸い方が風化に対する耐久力《たいきゅうりょく》があるのです。それは丸い柱だと木の幹《みき》の甘皮《あまかわ》下の緻密《ちみつ》で硬《かた》い部分を捨《す》てることなく、そのまま残して利用するからです。しかし地上部分は、水分による劣化《れっか》の心配がありません。それどころか四角柱の方が、四角な部屋を作って大工仕事をする場合には、工法的に楽でもあるし、見栄《みば》えも美しく頑丈《がんじょう》になります。

四角な柱は、円周と内接《ないせつ》する四角形の差の部分（4つの半月部分）は全て捨てるわけだから、硬くて緻密な部分は全部捨てられ、確かに質量《しつりょう》も減《へ》る分、腐食《ふしょく》スピードは速くなります。体積が大きい丸い柱の方が、地中なら絶対《ぜったい》に腐食の進行に対して時間的抵抗力《ていこうりょく》を持っています。

であれば地下部分だけ丸くしたり下《か》端《たん》を焼いておけば良いはずです。さらに良いのは、もちろん柱を地上に出し、石の上に載せれば良いし、歴史はそのように進化をたどっています。

少なくとも縦曳鋸《たてびきのこ》ができるまで四角な柱は考えられないのではないかと指摘《してき》されるかもしれません。たとえその時代に弦付大鋸《つるつきおが》は存在《そんざい》しなくても、船を手斧《ちょうな》一丁《いっちょう》で簡単《かんたん》に作ることを思えば、平らに削《けず》るくらいのことは本当は何でもないのです。

今日に伝わる紀元前のエジプトの出土品の中に、砂《すな》を主成分とし、わずかに塩を混《ま》ぜたファイアンスという青い軟質陶《なんしつとう》で作られた人形等があります。来世でもファラオには付き人がいて何不自由のない生活を続けるためにそのミニチュア型の人物や生活道具、大工道具としての弦付縦《つるつきたて》挽鋸《びきのこ》に至るまで副葬《ふくそう》されています。

ヨーロッパでさえ10世紀絵画には弦付鋸が描《えが》かれています。そうした弦付鋸は日本では室町《むろまち》末期になって入ってきました。

室町時代まで大弦鋸のなかった日本の場合でも、ちょっとした豪族《ごうぞく》の館の建築物の柱くらいは手斧で、地上部だけ四角に加工することくらいは十分可能と思われます。

少し視点《してん》を変えて、床《ゆか》から上が円柱で、床から下が八角形というのは理屈《りくつ》に合うのか否《いな》かをここで考えてみましょう。

鎌倉《かまくら》時代の長福寺《ちょうふくじ》三重塔《さんじゅうのとう》でも、普通に、建物の柱は上は円柱で、床から下と礎石の間の束柱はほとんど丸太に近い八角形になっているのです。

## 円柱は四角い柱から加工してつくった?!

柱を輪切りにすれば、床から上の円柱の断面積《だんめんせき》は床から下の八角形の断面積より少なくなっています。これは円柱を作るのは、丸太から作るのではなく、必ず一旦《いったん》四角な柱を作り、各々の角を削ることによって、八角形になるのです。そうしないと次の正円柱は正確にはできないのです。必ず最初に正四角柱に作り、曲がりを修正《しゅうせい》した後に、四角を八角形、十六角形、そして最終的に円柱に削ると正確な丸い柱ができるのです。長福寺三重塔建築の場合は円柱より八角柱の方が、一本の連続した柱なのに太いのです。それは正に腐食速度を遅《おそ》くするためです。

私は円柱を作るのを文化財《ぶんかざい》修復《しゅうふく》現《げん》場《ば》において、確かにこの目で見てきたのです。初めから丸太から円柱を作ろうとしても決して正円柱にはならないというのです。また柱が年月で曲がったり、割《わ》れ目《め》が入ったりしなくするベストの方法は、求める柱の太さの4倍の立木を伐採《ばっさい》し、芯《しん》を外して4等分して、それぞれを4本分の円柱にするしかないのです。閑谷学校講堂の円柱はそのように作っています。

## 東南アジアの建築技法にヒントがあった?!

私は日本の弥生《やよい》時代に作られていたゴンドラ型カヌーの存在をフィリピン最北端《さいほくたん》の絶海《ぜっかい》の孤島《ことう》であるバタン島で確かめ、その時、実に興味《きょうみ》深い建築技法《ぎほう》のあることを知りました。すなわち地下部分が丸く、地上部分が四角な柱で家が建てられている現場も見ました。

それに、ここは木製《もくせい》の臼《うす》や杵《きね》による脱穀《だっこく》や精米《せいまい》、穿孔器《せんこうき》としての舞錐《まいきり》、車輪のない運搬具《うんぱんぐ》である修羅《しゅら》、原始的石臼《いしうす》である凹石《くぼみいし》、弦付大鋸、フンドシ、言語など過去の日本と強い関連性を今なお保有《ほゆう》していました。

このような地域《ちいき》の人々が、どのようにして家を作っているかを知ることは、ひょっとして日本の過去《かこ》のどこかにこのような建築技法もあったのではないかと思い、探求《たんきゅう》への導火《どうか》線《せん》に火が付くことで、日本の出土遺物をフィードバックして、改めてそれを探《さが》し出《だ》すきっかけを作ってくれたのです。見ることがなければそのような発想は決して起こらなかったでしょう。

とにかくバタンの掘立柱《ほったてばしら》は珍《めずら》しい。埋める部分は丸太であり、地上は四角柱の方が長持ちすることは理にかなった考え方です。

日本ではこのような柱があることは論文《ろんぶん》として見たことがありません。下部の柱痕が出土しても、上部がどうなっていたかなど、誰も注目したことがないのかも知れません。

地中に埋まる部分以外の上層部《じょうそうぶ》は梁《はり》を横に渡《わた》したり、柱間に板を張ったり、壁を作ったり、ほぞ穴を開けたり、窓《まど》、扉《とびら》を取り付けたり、壁土を塗《ぬ》ったり、正確な寸法《すんぽう》を出して美しくするためなどといったこと等、すべての工作において角材の方がしやすいようにバタン島では全部が角材になっているのです。縦曳《たてびき》の弦付大

バタン島の掘立柱

鋸なら一方にそうした丸太部位を残したまま上方部に角材加工を施《ほどこ》すことは、簡単にできるのです。だから地上部を丸くしなければならない理由はどこにもありません。

　私は一本の柱に、角柱と円柱を同時に作るやり方をつぶさに目撃《もくげき》したのです。その作り方を詳《くわ》しく説明すると、まず丸太の上方から柱の土に埋める辺りまで鋸《のこ》で縦に挽《ひ》いて、ここまでくると、まるで糸鋸《いとのこ》のハンドルを操《あやつ》るように、直進からハンドルを丸太の外周へ向けて鋸の進路を変えて、糸鋸のように挽きながら材木から離脱《りだつ》させてしまうのです。

　こうして丸太の外周へ鋸の進路を外してしまえば、1本の柱なのに、角柱と円柱でできた特殊《とくしゅ》な柱の製材《せいざい》は終了《しゅうりょう》です。これを4面（4回）繰《く》り返《かえ》せば、根は丸太、地上部は四角な柱のでき上がりということになります。バタン島では現在も、木造《もくぞう》掘立家屋はこうしているのです。

## 先入観にとらわれず、可能性を探ることが大切

　ところが考古学者の誰もが丸い柱痕が出土すれば、原始古代の柱は全て丸いものだと思って疑《うたが》わない。だから復元家屋の柱は、巨大で特別な建造物であろうとも、どこでもどれもこれも判《はん》で押《お》したように下部柱穴が丸いという理由で、上部柱は丸くしてあります。掘り方穴まで柱痕と混同《こんどう》することになれば、はるかに巨大建築物が復元されてしまうことがあるのではないでしょうか。

　地下の柱痕が丸いから掘立柱は上も丸いという先入観や、皆《みんな》がそう言っているからという鵜呑《うの》みでものごとを見ていると、大切な展開《てんかい》や「可能性」という芽も摘《つ》んでしまう恐れがあるのです。

# 銅板葺屋根（五香宮）

どうばんぶきやね（ごこうぐう）

■瀬戸内市牛窓町牛窓

## 純度100%より不純物がある方が強い?!
## 銅自身が作る錆が外敵侵入のバリアに

牛窓《うしまど》は日本のエーゲ海と呼《よ》ばれています。逆光《ぎゃっこう》にキラキラ輝《かがや》くその海を眼下《がんか》に望んで、そのまま北に眼《め》を移《うつ》せば、五香宮《ごこうぐう》の緑青色《ろくしょういろ》の屋根が一《いち》段《だん》と美しく映《は》えています。

今、銅板葺屋根に一つの異変《いへん》が起きているのです。経費《けいひ》が安く、長持ちするという理由から桧皮葺《ひわだぶき》の社寺が銅板葺にされることが一方で流行《はや》ってきており、そしてもう一方では指定文化財《ぶんかざい》の銅板葺は流行らなくなっているのです。その正反対の現象《げんしょう》に何が隠《かく》されているのでしょうか。

銅板葺屋根の向こう側に現代《げんだい》文明そのものが陥《おちい》っているはがゆさが見えてくるのです。

建物の屋根葺材《やねぶき》には桧皮葺、茅葺《かやぶき》、瓦葺《かわらぶき》、柿葺《こけらぶき》、銅板葺等があり、葺《ふ》き替《か》えに際《さい》してはそれぞれの場所、歴史、事情《じじょう》でそれなりの選択《せんたく》がなされてきたのです。時代によって経費のランクも当然入《い》れ替《か》わるのですが、現在《げんざい》ではおおよそ1平方メートル当たり単価《たんか》で見ると、桧皮で13万円、茅が4~5万円、瓦はピンからキリまでありますが約3万円ほど、柿が2万5000円、銅板だけは近代的工業製品《せいひん》であることもあって値段《ねだん》は全く上がらず、2万円弱で葺《ふ》けるのです。もちろん単価はその時の需《じゅ》給《きゅう》関係や突発的《とっぱつてき》で広範囲《はんい》な震災《しんさい》等によって大きく変わります。これは私《わたし》が文化行政《ぎょうせい》に携《たずさ》わっていた頃《ころ》のおおよその単価です。

今日のように少子高齢化《こうれいか》と過疎化《かそか》によって地方の人口減少《げんしょう》は急激《きゅうげき》に進み、地方の集落では神社の維持《いじ》もままならない所がたくさん出てきています。神職《しんしょく》さんも複数《ふくすう》掛《か》け持《も》ちはザラとなっています。こういう状況《じょうきょう》下《か》では銅板を選択するのはごく自然なことかもしれません。

ですが100年は平気で持つと信

銅板葺き施工中《せこうちゅう》の神社

牛窓五香宮の緑青《ろくしょう》色が美しい銅板屋根

じられていたのに、最近の銅板屋根は耐久力《たいきゅうりょく》は40年も持たないという意外な脆《もろ》さを露呈《ろてい》しているのです。酸性雨《さんせいう》のせいもあるかもしれませんがどうやらそれだけではないようです。

なぜか日光東照宮《にっこうとうしょうぐう》、静《しず》岡《おか》の久能山《くのうさん》東照宮、東京上野寛永寺《かんえいじ》境内《けいだい》の東照宮の銅板葺屋根は、３５０年以上も経《へ》ているのにびくともしていません。

ちなみに岡山県《おかやまけん》の古いところでは、屋根ではないのですが弘化《こうか》２（１８４５）年に建ったといわれる矢掛本陣《やかげほんじん》石井家表屋の手打ち銅板の雨樋《あまどい》は１５０年持っている一方、閑谷《しずたに》学校孔子廟《こうしびょう》の雨樋は昭和《しょうわ》30年代に取《と》り替《か》えたのにもう穴《あな》が開いているところがあります。屋根では、昭和27（１９５２）年に葺いた津山市《つやまし》の徳守神社《とくもりじんじゃ》などは平成９（１９９７）年に葺き直ししなければならなかったほどです。銅の質《しつ》の問題とともに葺く技術《ぎじゅつ》の問題も問われなければなりません。

## 銅の純度が耐久年数に影響

銅質《どうしつ》の問題からまず述《の》べてみましょう。現在の銅板は少し前のものに比《くら》べると純度《じゅんど》100%という優《すぐ》れもののの電気銅です。純度が高いことがなぜ弱点なのかと思うかもしれませんが、それは酸性雨などが銅板屋根に落ちると、今の銅板は純度が高すぎるために、1ヵ所にミクロの穴が開きやすく、一旦《いったん》開くと、ツツーと抜《ぬ》けて一気に銅板を腐食《ふしょく》させてしまうのです。

ところが微量に不純物が混《ま》じった状態《じょうたい》になっているかつての銅板は、カメレオンのように表面の色を素早《すばや》く緑青にしてしまうのです。この銅板自身が作りだした酸化皮膜《さんかひまく》こそが分子レベルのバリアとなって、まるで生き物のような振《ふ》る舞《ま》いをするのです。自分の身体の一部で作った錆《さび》によって銅腐食《ふしょく》の外敵侵入《がいてきしんにゅう》を阻止《そし》するのです。

よく似《に》たケースで、日本には「鉄《てつ》鐔《つば》」などにも「鉄錆地処理《てつさびじしょり》」といって、潤香《うるか》という鮎《あゆ》の内臓《ないぞう》で作った「塩《しお》辛《から》（イカの塩辛のようなもの）」を鉄鐔に塗《ぬ》って擦《こす》ると非常《ひじょう》に細かい鉄の酸化皮膜が生じて、それによって鉄の鐔なのにそれ以上錆《さ》びない美しい「わびたさび」といった風合いが誕生《たんじょう》するのです。日本人の知恵《ちえ》と経験《けいけん》で生まれた職人《しょくにん》の秘技《ひぎ》です。しかし今の職人さんは純度100%の電気銅に裏切《うらぎ》られたのです。

純粋培養《じゅんすいばいよう》の生物が弱いように純銅《じゅんどう》の板は無表情《むひょうじょう》で実に弱い。では混ぜものをして「山銅《やまどう》」のように純度を下げた銅板を作ればよいことになるはずですが、屋根屋さんに言わせれば、現実《げんじつ》には屋根材だけのためにそんなことをする企業《きぎょう》は無いというのです。日本のハイテク時代の電気銅は全てどこまでも純粋でなくてはならない宿命を背負《せお》わされた「悲しき銅」なのです。

「山銅」と呼ばれる昔の銅は「電気銅」と違《ちが》って自然界の色々な元素《げんそ》がヘテロという不均一《ふきんいつ》な状態で混ざっており、結合が複雑《ふくざつ》であるために抵《てい》抗力《こうりょく》において強いのです。山銅を純粋でない低レベルの銅などといっては失礼千万《しつれいせんばん》なのかもしれません。こうして生きている銅板屋根はやがて見事なまでに緑青色に美しく輝《かがや》きますが、純銅ではなかなかそうはいかないのです。特に有害ガスにさらされる工業地帯では、銅板屋根は緑化することなく死んだようにほとんどドブ色に黒化するだけです。

平成《へいせい》10（1998）年9月下旬《げじゅん》に奈良《なら》を襲《おそ》った台風7号という自然現象が、あたかも山銅対純銅の関係に似たことを、ドラマチックに見せてくれました。

奈良市東部の「春日山《かすがやま》原始林」で起こったことです。それは300ヘクタールの特別天然記念物で、大正《たいしょう》13（1924）年に天然記念物、そして昭和30（1955）年から特別天然記念物に指定され、平成10（1998）年に古都奈良の文化財の一部として春日大社《かすがたいしゃ》と一体のものとして世界遺《い》産《さん》に登録されました。

平成10年9月下旬の台風で、隣接《りんせつ》する175ヘクタールの人工林に比べて、ここは倒木《とうぼく》が極端《きょくたん》に少なかったことが奈良県の調査で分かったのです。人工林では30万本のうち4万3千本が倒《たお》れたのに対し、原始林の方は60万本のうち23本の倒木が確認《かくにん》されただけでした。

整然と密植《みっしょく》され、見た目に美しくても、上へ上へと競争するようにいかにも幹《みき》はひょろひょろと伸《の》びた頭でっかちの人工林の木に比べ、大小しかも色々な広葉雑木《こうようざつぼく》を混ぜた原始林は根の張《は》りも強く、風などへの抵抗力にも優《すぐ》れ、自然災害《さいがい》にも我慢《がまん》強いことが証《しょう》明《めい》されたのです。まさに人間も同じで、ヘテロな多様性とそこから生まれる根性《こんじょう》がものをいうようです。

## 銅板の叩き加減も重要

銅板屋根の葺き方から見ても、現代のものが何でも一番だという間違《まちが》った信念のようなものがここにもあるのかも知れません。銅板を瓦のように屋根に敷《し》く際、列車の連結器のように銅板の上下間では、上の銅板の下端《かたん》は内側に巻《ま》き込《こ》むように曲げ、下側の銅板の上端《じょうたん》は巻《ま》き舌《じた》のように少し上に巻き込むように曲げておき、後はその部分を引っかけるようにして上下の銅板を繋《つな》がなくてはなりません。そして繋いだ部分を上から叩《たた》く「絶妙《ぜつみょう》」の叩き加減《かげん》こそが最も重要なのです。

現代の多くの職人は屋根が見た目に綺麗《きれい》になるように、木槌《きづち》で繋ぎ部分をしっかり叩いてぺちゃんこにひしゃいでしまうのです。昔のものは間違いなく手間暇掛《てまひまか》けて、ふんわりと加減を心得て優《やさ》しく叩いているのです。強く叩いて締《し》めるとペシャンコで、巻き込んだ部分の隙間《すきま》が無くなり、銅板下に空気も入らせず熱は銅板の下にこもる上に、逆《ぎゃく》に雨の時はつなぎ目で毛細管現象が起こり、水が奥《おく》に入って行き、ついには野地《のじ》板《いた》を腐《くさ》らせることになるのです。

それに鋭角的《えいかくてき》に叩き締められると、折り曲げ部分の外側に細かな亀裂《きれつ》が生じて錆《さ》び割《わ》れる原因となり、これがまた雨漏《あまも》りになるのです。文化や文化財のもつ美しさと強さは、温かさと優しさに最も近い所にあることを忘《わす》れてはなりません。世の中にもふんわり感が欠けているようです。

国指定重要文化財

# 岡山県立津山高等学校本館（旧岡山県津山中学校）

おかやまけんりつつやまこうとうがっこうほんかん

■津山市椿高下
■平成7年12月26日指定

## 国内最古の高等学校木造洋風建築

この端正《たんせい》な建物は、明治《めいじ》33（1900）年8月に岡山県津山中学校本館として新築《しんちく》され、今なお健在《けんざい》なのです。最後まで使われていた高等学校木造《もくぞう》洋風建築《けんちく》としては、平成《へいせい》12（2000）年に100年を迎《むか》えるなど、わが国でも最も古い建物です。今年（2017）の8月で117年を迎えることになったのになおこの美しさです。

建築材料の経年《けいねん》による強度の低減《ていげん》率《りつ》を見ると、常識《じょうしき》では考《かん》え難《がた》いことですが、鉄、コンクリートは一定年数を経《へ》るとどんどん強度が落ちるのに対して木材は全く落ちないすぐれものであり、1000年の木は1000年持つなど、意外に思われるかもしれませんが、本質的《ほんしつてき》に一番強いのです。

建物は東面し、平面は正面23間、側面5間を主体とし、中央部に梁間《はりま》7間、桁行《けたゆ》き1間を前面に、梁間7間、桁行き4間を背面《はいめん》に突出《とっしゅつ》させており、なお現存《げんぞん》する背面の最後部に当たる梁間7間、桁行き6間の部分は、昭和10（1935）年の増築《ぞうちく》です。

構造《こうぞう》は寄棟《よせむね》木造2階建ての洋風建築でありながら、ここの瓦《かわら》は洋風瓦ではなく、日本の桟瓦《さんがわら》で葺《ふ》かれています。
瓦葺きには大まかに平瓦《ひらがわら》のみで葺く桟瓦様式と、平瓦と平瓦の横隣《よこどなり》が接《せっ》する部分に丸瓦《まるがわら》を縦《たて》一列に載《の》せて葺く本瓦葺き様式があります。日本に瓦葺きが伝わったのは飛鳥《あすか》時代の巨大《きょだい》寺院から始まるのですが、寺院建築はまず本瓦葺きから始まっています。

モダンな和瓦製棟飾り（ルーフクレスト）

棟《むね》の頂上《ちょうじょう》横一列に並《なら》んだ和瓦製《せい》の棟飾《むねかざ》りのモダンな意匠《いしょう》は全体の調和力から見て目を見張るものがあります。中央にクロイスターヴォルト型の塔屋《とうや》、その前に時計台、左右の大屋根に屋根窓《まど》を設《もう》けてあります。和洋折衷《ようせっちゅう》の完結を試みたのでしょう。

これは当時の日本人大工が見たこともない、異文化《いぶんか》に対する技術修得《ぎじゅつしゅうとく》の早さと見事な意匠的調和の実現《じつげん》で、驚《おどろ》くばかりです。思えば、当時の人は思考の柔軟性《じゅうなんせい》と、追《お》いつけ追い越《こ》せという意識《いしき》が強かったに違《ちが》いありません。

日本の文化を保《たも》ちつつ、外の空気を子供《こども》たちには精一杯《せいいっぱい》吸《す》わせてやりたい、こうあって欲《ほ》しいという地域《ちいき》全体の親心も働いていたことでしょう。何を犠牲《ぎせい》にしてでも学校を、教育を地域が一丸になって支《ささ》えていこうとする、全体の姿勢《しせい》や熱気に設計《せっけい》者《しゃ》や大工も心意気を感じて、連鎖反《れんさはん》応的《のうてき》に自らの力量を最大限発揮《さいだいげんはっき》したに相違《そうい》ありません。

明治時代から大正《たいしょう》時代にかけて大工の個性《こせい》を反映《はんえい》させた美しい木造建築は世界のどこにもない日本式洋風建築として、独特《どくとく》の光を放っています。

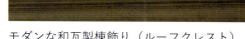

この建物の外観は、イタリア盛期《せいき》ルネッサンス様式をモデルとし、優《すぐ》れた調和と比例《ひれい》によって端正に完成された美しさが見所です。

また窓は上に上げれば上げたで、下げれば下げたで任意《にんい》の場所で軽くどこでも止まる仕掛《しか》けの「上げ下げ窓」です。横開閉《かいへい》の木枠《きわく》ガラス窓では、経年変化でガタピシしてくるとスムースに開《あ》け閉《し》めができなくなるばかりか、レールから窓枠《まどわく》が外れて地上に落下したらとんでもない事故につながる可能性《かのうせい》もありうるために、絶《ぜっ》対《たい》に外れないように、しかも非常《ひじょう》に軽く指一本で操作《そうさ》できる夢《ゆめ》のような窓を付けたのです。横開閉式では、開け具合によっては、風の入る場所や風量はムラができますが、上げ下げ窓では非常に公平になっているといえます。

上げ下げ窓にはちょっとした秘密《ひみつ》の仕掛けがあります。窓の中央を吊《つ》ったロープが上で滑車《かっしゃ》に掛《か》けられ、その端《はし》には窓の重さと釣《つ》り合《あ》うように、鋳鉄製《ちゅうてつせい》の円柱形の錘《おもり》を繋《つな》いで、窓枠の外縁《がいえん》空間内部に配置し、室外、室内からは全く見えないように隠《かく》して吊されているのです。

窓の上はペジメントというルネッサンス様式の窓飾りが付けられていて、柔《やわ》らかい昇陽円《しょうようえん》弧《こ》（扇《おうぎ》全開）型にデザインされています。軒《のき》はコーニスと呼《よ》ばれている軒蛇腹《のきじゃばら》ブラケットで支えています。2階床面《ゆかめん》の線にはデンティルをもった胴《どう》蛇腹が建物にキリッとした緊張感《きんちょうかん》を与《あた》えています。

窓の上げ下げをスムーズにする錘

津山高校天井裏のクイーンポストトラス

クロイスターヴォルト型塔屋の内側構造

内部は、後年の改修《かいしゅう》はあるものの、旧講堂《きゅうこうどう》の天井《てんじょう》、手すり、階段《かいだん》、建具《たてぐ》枠《わく》などには原形がよく残り、その意匠と技術は高く評価《ひょうか》されるべきものです。

この建物が載っている布基礎《ぬのぎそ》部分は煉瓦《れんが》で厚《あつ》さは30センチもあります。それもレンガを全て横長方向に並《なら》べるのではなく、またよくあるように奇《き》数段《すうだん》と偶数段《ぐうすうだん》を単に半個ずらせるだけでなく、煉瓦の平面と側面を交互《こうご》に交えるという、手の込《こ》んだ英国積みと呼ばれる煉瓦造となっています。その積み方は地震《じしん》や温度変化による膨張収縮差《ぼうちょうしゅうしゅくさ》や歪《ゆが》みの吸収《きゅうしゅう》に強いのです。

今の大人はどれだけ、このような思いがこもったものを、子供たちに贈《おく》って遺《のこ》し、親の思いを伝えているでしょうか。それより先に、子供が商業的利潤《りじゅん》獲得《かくとく》の標的にされ、子供はありがたみも、支えられていることも知らず、溢《あふ》れるほど物を持ち続けているばかりです。与えなければならないものが相対的に薄《うす》れているのです。もう親が心を添《そ》えて一緒《いっしょ》に与えた範疇《はんちゅう》のものや、理解《りかい》の範囲《はんい》のものではなくなっているのです。この後にどのようなことが待っているでしょうか。

河東碧梧桐「去華就実」扁額

伊能忠敬図

以前であれば、モノを作る側も、売る側も、買って与える側も、教える側も、学校を作る側もほとんど同じ共通領域《りょういき》かその周辺の物であったのが、今は分離《ぶんり》され、作る側も、売る側も、買って与える側も、教育する側もそれぞれ一丸とはほど遠く、離《はな》ればなれになっているのです。親はそこから先が何もできない存在《そんざい》となっているのです。これこそが伝え託《たく》せられない核心《かくしん》部分なのです。

この本館に校長室があった時に、今で言えば定年後からゼロスタートして、自分の足で歩いて正確《せいかく》な日本全図を作るという偉業《いぎょう》を成《な》し遂《と》げた、製図机《せいずつくえ》に向かう伊能忠敬《いのうただたか》を描《えが》いた日本画と、「去華就実《きょかしゅうじつ》」の扁額《へんがく》が並べて掛けてありました。この2つの作品がこの建物中で共鳴し合っていたことを覚えています。これをここに並べた人は相当に凄《すご》いと思いました。

前者は津山出身の棚田曉山《たなだぎょうざん》（1878～1959）の日本画、後者は高浜虚子《たかはまきょし》と並んで正岡子規《まさおかしき》の双璧《そうへき》とされていた、愛媛《えひめ》県松山市出身の歌人河東碧梧桐《かわひがしへきごとう》（1873～1937）が認《したた》めたものです。その「去華就実」とは、花も良い、しかしその先の実の表れがあってこそ、支える人、支えられる人が心豊《こころゆた》かに一丸になれるのだという意味です。

今現在《げんざい》この時点の花を過大評価《かだいひょうか》する人より、その先こそ見て欲しいという人を「時代」は渇望《かつぼう》しています。教育は何時《いつ》の時代であろうとも、見えないものを見落としてはならないのです。今そういうことが教育界全体に問いかけられようとしているのではないでしょうか。

# 穴門山神社本殿及び拝殿

あなとやまじんじゃほんでんおよびはいでん

■高梁市川上町高山市
■江戸時代初期　寛永14年再建
■平成7年4月7日指定

## 桃山期の技法を受け継ぐ装飾が圧巻

地形環境的《かんきょうてき》には穴門山神社は垂直《すいちょく》に見上げるように切り立った石灰岩《せっかいがん》の断崖《だんがい》ほぼ中間に立地し、はるか下を川が流れています。「穴門」と呼《よ》ばれているのは、鍾乳洞《しょうにゅうどう》等の洞穴《どうけつ》入り口であることに関係しています。程良《ほどよ》い奥行《おくゆ》きと広さと綺麗《きれい》な清水《しみず》が絶《た》えず流れているために、太古からここは生活する上で、嵐《あらし》や猛獣《もうじゅう》から身を守れる安全な場所であったことでしょう。

そう思わせるほどここは、近寄《ちかよ》り難《がた》いような霊気《れいき》が漂《ただよ》っているので、今風に言えばパワースポットでしょう。昔は穴《あな》の奥《おく》に社があったといわれ、それを裏付《うらづ》けるように平安《へいあん》時代の土師器《はじき》も洞窟《どうくつ》内から出土したようです。また神社の下の権現谷縄文岩陰遺跡《ごんげんだにじょうもんいわかげいせき》が岡《おか》山《やま》大学によって先年発掘《はっくつ》されています。

後々までそれは時代の変遷《へんせん》があっても、簡単《かんたん》には捨《す》てられないものとして遺伝子《いでんし》の中に入《はい》り込《こ》み、神聖《しんせい》な場所として今日まで祀《まつ》られ続けてきたとしても少しも不思議はありません。

穴門山神社本殿及び拝殿は、寛永《かんえい》9（1632）年秋焼失《しょうしつ》した際《さい》、備中松山藩城主《まつやまはんじょうしゅ》であった池田出雲守長常《いけだいずものかみながつね》が、寛永《かんえい》14（1637）年に本殿より末社にいたるまで、再建寄進《さいけんきしん》したといわれています。

本殿は、桁行《けたゆ》き（横幅《よこはば》）3間（6・20メートル）、梁間《はりま》（奥行き）2間（4・10メートル）で、一重三間社《しゃ》流《なが》れ造《づくり》で、幅《はば》3間は仏教建築《ぶっきょうけんちく》に影響《えいきょう》を受けて成立したものと考えられるものです。前面の屋根は流れるように伸《の》びて向拝《こうはい》となり、この下に階段《かいだん》と浜床《はまゆか》（帳台を設《もう》ける）、銅板葺《どうばんぶき》、組物は出三斗《でみと》とし、中備《なかぞなえ》は蟇《かえる》股《また》、庇《ひさし》は繁虹梁《しげこうりょう》、妻《つま》は虹梁《こうりょう》、支輪《しりん》、斗《ます》組《ぐみ》を使用し、文字通り装飾性《そうしょくせい》が極《きわ》めて強いものです。身舎《もや》の戸口は正面1間で、他はすべて板張《いたば》りとし、内部を内陣《ないじん》、外陣《げじん》と2分しており、内部も装

穴門山神社

飾性が強い建物です。

　再建時に、土地の人が以前からのなじみのものへの復旧《ふっきゅう》を要望したものであったのか、装飾彫刻《ちょうこく》は手の届《とど》かないような奥まで鑿《のみ》を入れた超《ちょう》立体的な籠《かご》彫《ぼ》りで、手の込《こ》んだ桃山《ももやま》期の美しい技《ぎ》法《ほう》を受《う》け継《つ》いでいることが最大の特徴《とくちょう》なのです。全国的に見ても数少ない、妻に装飾を施《ほどこ》した様式は圧巻《あっかん》といえます。

　近世初期における拝殿の一様式のみならず、岡山県内でもまれに見る優《すぐ》れた建造物なのです。

　垂直以上に岩壁《がんぺき》の上部が手前にせり出した、ややオーバーハングした絶《ぜっ》壁《ぺき》であり、いつの間にか絶壁の岩盤《がんばん》にも樹木《じゅもく》の根が張《は》り、それに雨水が浸透《しんとう》し、やがて木々を揺《ゆ》らせる風さえも岩石を裂《さ》き、ついには岩石を落下させることにつながっていることは誰《だれ》の目にも明らかです。

そうした危険《きけん》も分かっておりながら、集落の人にとってここは霊験《れいげん》あらたかなためにあえて、壊《こわ》れても壊れてもこの位置で守り続けているものと思われます。

何と、こともあろうに指定後1ケ月後の平成《へいせい》7年5月1日絶壁の上から岩石が落下し、屋根を突《つ》き破《やぶ》って大穴が開いてしまいました。急遽《きゅうきょ》平成8年度に2000万円をかけて修理《しゅうり》したのですが、この時過疎地域《かそちいき》と文化財《ぶんかざい》の修理事業の深刻《しんこく》な関係が浮《う》き彫《ぼ》りにされたのです。

## 高齢化する地方で文化財維持の難しさ

旧川上町《かわかみちょう》（現高梁市《げんたかはしし》）高山市地区《こうやまいちちく》の高齢化率《こうれいかりつ》（総人口《そうじんこう》の中に65歳《さい》以上が何人を占《し》めるかの割合《わりあい》）は20年前当時、すでに52％で県下一でした。平成28年7月末現在《げんざい》で人口70人で、高齢化率は70％、しかも氏子《うじこ》が当時でも40軒《けん》しかありませんでした。

このような高齢化率の高くて、細々と農業をする以外に仕事も無い山間僻地《へきち》での修理は、1戸あたりにすると、単純平均《たんじゅんへいきん》で20万円の負担《ふたん》になったのです。しかも突然降《とつぜんふ》って湧《わ》いたような、「やれそれ」の出費話ですから、大変であったことはいうまでもありません。

県指定文化財の場合、当時は県が50％。残りの25％ずつを市町村と神社（氏子）側が負担することになっていたのですが、川上町の補助規定《ほじょきてい》が他の市町村とちょっと違《ちが》っていました。地元民の負担は大変大きなものでした。

旧川上町では、文化財は県指定も町指定文化財でも無指定でも、一律《いちりつ》修理総額《そうがく》の10％補助となっていました。そのために県指定文化財修理だと県が50％で、残りの50％のうち5％を町が負担し、その残りの45％を神社、すなわち氏子が負担することになります。

無指定だと、他の市町村だと全く助成しません。しかし川上町は修理総額の10％を負担します。残り90％が氏子となります。いずれにせよたった40軒の氏子で負担することになったのです。いくら文化財とはいえ、ほとんどが老人中心の家庭で負担の重みはずっしりとこたえたはずです。私《わたし》たちが、今日自分たちの周辺を見回してこれだけ負担することは非常《ひじょう》に難《むずか》しいであろうに、ここではその負担を老人たちが自分たちのこととして負担したのでした。わずかばかりの国民年金等をまわした人が多かったとも聞きました。都会の神社が集金する場合、宗教《しゅうきょう》が違うから1000円でも嫌《いや》だということを聞いたこともありますが、お金のない人の方が心優《やさ》しいのはなぜでしょうか。
「自己中心症《じこちゅう》」に罹《かか》っていないこの老人たちの世代がいなくなった時、日本中において地方における文化財はどのようになっていくのでしょうか。地元負担分が用意できない限《かぎ》り県や国が丸抱《まるがか》えで補助することは今後も絶対《ぜったい》にあり得ません。指定文化財は、指定した国や県のものではなく、自分たちのものであるという考え方に急速にシフトしなければ、文化財の保存《ほぞん》はうまくいかなくなろうとしています。地方の財政破綻《ざいせいはたん》がそれに追い打ちを掛《か》けているのです。

地元負担ができない状況《じょうきょう》で朽《く》ちていっているところもあるのです。

また指定文化財だけが大切というものではありません。文化財の価値《かち》は、時代や見る人によって、全く異《こと》なることも多いのです。一元的見方の価値規準《きじゅん》でなく、地方の尊厳《そんげん》をいうとき、地方色のある文化財を放置しているとどうなるのでしょうか。文化としては根源的《こんげんてき》に地方色があるからこそ、そこの文化であるのに、このままでは地方の文化は薄《うす》れ、軽視《けいし》され、取り返しがつかなくなることは目に見えています。優勝劣敗《ゆうしょうれっぱい》が進化論《しんかろん》でないことは私はしばしば言ってきました。

鍾乳洞の祠《ほこら》

時代や環境が変われば、その時こそ劣勢《れっせい》と思われていたものや、田舎《いなか》から全体を建て直す方策《ほうさく》が表れることを歴史は証明《しょうめい》しているからです。今劣勢でも将来《しょうらい》の救世主の思考や哲学《てつがく》が温存《おんぞん》されて生きていかなければならないのです。強い側だけが勝手気ままに言い放ったり、何をしても良いということにはなりません。世の常《つね》として「奢《おご》れる者久《ひさ》しからず」を忘《わす》れてはなりません。それは誰《だれ》でもチャンスは巡《めぐ》ってくると言い切れるのと同じなのです。

今まで守り通せたものが、これからの日本人は日本の文化を守りきれなくなるかも知れません。そのような崖《がけ》っぷちに今われわれは立たされているのです。

# 岡山の全塔（五重塔・三重塔・多宝塔）

おかやまのぜんとう

■全塔訪ねて聞こえる色々なメッセージ

## 三重塔が日本で一番多いのは岡山県 造船技術を持つ大工が塔建築を?!

元来仏教遺構《ぶっきょういこう》の典型的なシンボルとしては、釈迦《しゃか》の遺骨《いこつ》を納《おさ》め、天界とつながり、そこへ少しでも近づき祀《まつ》るためのストゥーパというものがあります。

仏教の誕生《たんじょう》の地インドの饅頭形《まんじゅうがた》から、中国に伝わると高層化《こうそうか》した楼閣《ろうかく》形式になり、朝鮮《ちょうせん》半島では石造層塔《せきぞうそうとう》へと変化するのですが、意外にそこでは残存《ざんそん》例は少なく、あらゆる文化の終着点としての日本は、塔においても異例《いれい》なほど、木造《もくぞう》でありながら層塔が多数残っているのです。

とりわけ岡山県は三重塔《さんじゅうのとう》が日本で一番多いという大きな謎《なぞ》を秘《ひ》めています。本当の理由は分かっていませんが、最後にその謎解《なぞと》きはできるでしょうか。皆《みな》さんもそれに挑戦《ちょうせん》するつもりで読んでみて下さい。

学問や人生の醍醐味《だいごみ》（最上級の教えや納得《なっとく》の瞬間《しゅんかん》の感動）は謎を解いた時です。

今回文化財《ぶんかざい》として岡山県下19基《き》の塔の全てを載せて、できれば自分の目で全容《ぜんよう》を確《たし》かめ、日本的意味や、あるいはまた、今風に東京スカイツリーが地震《じしん》に強い五重塔の構造的《こうぞうてき》原理を用いているとか、その他文化の持つ諸々《もろもろ》の今日へのメッセージを聞くならば、「日本文化とは何か」がきっと分かると思います。

ほぼ一度にすべてを巡《めぐ》り見る旅にチャレンジしてはどうでしょうか。すべてを一度に見ると、必ず何かメッセージが聞こえてくるはずです。

私は平成《へいせい》26年に、2日間ですべての塔を見学するツアーを組んで案内したこともあります。

## 国指定重要文化財　長福寺三重塔

鎌倉時代　弘安8（1285）年　棟札写
美作市真神
大正10年4月30日指定

岡山県下全塔の中でも最も古く、最も美しいのは重文長福寺三重塔です。『長福寺縁起《ちょうふくじえんぎ》』によれば、長福寺は天平宝字《てんぴょうほうじ》元（757）年に唐僧鑑《とうそうがん》真和上《じんわじょう》の開基《かいき》とされています。

また三重塔は棟札《むなふだ》の写しから、弘《こう》安《あん》8（1285）年9月、天台宗住《てんだいしゅうじゅう》僧圓源《そうえんげん》の代に、領主江見左馬頭《りょうしゅえみさまのかみ》が願主となって邑久郡下阿知村《おくぐんしもあちむら》（現岡山市）大工棟梁国右衛門《とうりょうくにえもん》によって復興《ふっこう》したことが書かれています。この邑久郡一帯の大工集団は江戸《えど》時代において寺社建築《けんちく》の名手として有名ですが、このような美しい三重塔を作った邑久大工および国右衛門の力量は、全層2軒（二重）繁垂木《しげたるき》という重厚《じゅうこう》さに見られるようにすでに鎌倉《かまくら》時代から優《すぐ》れた仕事をしていたのです。

長福寺の本尊《ほんぞん》は高さ2・58メートルの重《じゅう》文木造十一面観音《ぶんもくぞうじゅういちめんかんのん》です。三重塔には五智如来座像《ごちにょらいざぞう》が安置してあります。

その他長福寺には重文絹本著色両《けんぽんちゃくしょくりょう》界曼荼羅図《かいまんだらず》［2幅《ふく》］、重文絹本著色不《けんぽんちゃくしょくふ》動明王像《どうみょうおうぞう》、重文絹本著色十二天像《けんぽんちゃくしょくじゅうにてんぞう》（伝増吽《でんぞううん》筆）［12幅］と、ここ長福寺には文化財が非常《ひじょう》に多いのです。

しかも現在真神《げんざいまがみ》に建っている三重塔は、元は裏山《うらやま》の真木山《まきさん》（標高400メートル）の山上にあったものです。真木山への参道の登り口は四方八方から7つも道があるほど、山岳《さんがく》仏教の一大聖地《せいち》でありました。

その頃《ころ》天台と真言の2宗《しゅう》に分かれ

長福寺三重塔

ていたのですが、室町《むろまち》時代初期の明《めい》徳《とく》年間（1390～1394年頃《ごろ》）に真言宗に統一《とういつ》されて現在に至《いた》っています。最盛期《さいせいき》には真木山に65坊《ぼう》が建《た》ち並《なら》んでいましたが、享保《きょうほう》16（1731）年には22ケ寺に併合《へいごう》され、明《めい》治維新《じいしん》で4ケ寺となり、明治9年には奥《おく》の院の長福寺ただ1ケ寺となる歴史をたどりました。

長福寺三重塔内部

　昭和《しょうわ》3（1928）年に三重塔、般《はん》若院《にゃいん》、歴代住職墓地《じゅうしょくぼち》を残して、遂《つい》に長福寺を麓《ふもと》に移《うつ》したのです。

　しかし唯一《ゆいいつ》残されていた塔も大きく傷《いた》んでいたため、昭和25（1950）年～36年に掛《か》けて解体《かいたい》して山から運び下ろし、今の位置に完全に復《ふく》元《げん》しました。世界で日本だけにある全面解体完全復元という文化があったればこそ、この鎌倉時代のため息の出るような本来の美しさを今こうして世代を超《こ》えて見ることができるのです。

三度目の真木山登頂《とうちょう》でやっと見つけた創建当初の長福寺三重塔の芯柱直下遺構。地形礎石は麓へ下ろされることなくほぼ全て現地に残っていました

　現在の長福寺のある真神は海抜《かいばつ》100メートルなので真木山頂上《ちょうじょう》まで比高差《ひこうさ》は300メートルもあります。しかし唯一残されていた塔も大破《たいは》したため、真神へ下ろすことになりました。長福

真木山に最後まで建っていた時の三重塔は草葺です（美作《みまさか》市教育委員会提供）

寺に次いで、昭和26（1951）年に下山させたことは大変な作業であったと思われます。小学生も少しずつ持って下りたそうです。

現在の長福寺三重塔はすべてが当初材ではありませんが（6対4で、補《ほ》足材《そくざい》が40%です）、全面解体完全復元へ総力《そうりょく》を挙げて取り組んだ結果、岡山県下に現存《げんぞん》する木造建築の中で最古のもので、鎌倉時代の様式を見事に受《う》け継《つ》ぎ、次代へ伝える魂《たましい》と覚《かく》悟《ご》で輝《かがや》いているのです。

初層《しょそう》の内部は、四天柱内外陣《げじん》に分け、鏡天井《かがみてんじょう》とし、内陣《ないじん》に仏壇《ぶつだん》を設《もう》けて四仏《しぶつ》を祀《まつ》っているのです。

芯柱《しんばしら》は古式で、初層の床上《ゆかうえ》から立ち上がって内陣の中央を2層、3層と貫《つらぬ》き、屋上の相輪に達しています。県下の三重塔で1層床上から芯柱が全層を貫いているのは、これだけなのです。そして芯柱の直下地面には舎利《しゃり》を埋《う》めた地下遺構が今の場所にも当初の場所にも残っているのです。

軒《のき》の出は深く、屋根の勾配《こうばい》が緩《ゆる》やかで、しかも軒先《のきさき》は軽《かろ》やかな真反《しんぞ》り（全体が反っている）となっているうえ、各部の大きさの均整《きんせい》が取れていて、安定感のある鎌倉時代の代表的な塔建築となっています。総高《そうこう》は22・1メートルで方3間桧皮葺《ひわだぶき》です。

ここで少し「方3間」表示《ひょうじ》について説明しておきましょう。もともと工芸でも建築でも、染織《せんしょく》でも、読んだり聞いた人に概要《がいよう》が分かるような名称《めいしょう》が付いているのが日本では普通《ふつう》です。建築はさらにその上に、広さや高さの規模《きぼ》や屋根の葺《ふ》き方材質《かたざいしつ》と形状《けいじょう》等とても書き切れない様相になってしまいます。

居住《きょじゅう》空間としての広さはとりわけ重要なので、桁行《けたゆ》き（横幅《よこはば》）3間、梁《はり》間《ま》（奥行《おくゆ》き）2間などと表現《ひょうげん》します。そこから規模がイメージできるようになっているのです。

ところが塔だけまとめてうんぬんする場合、三重塔では平面床面《ゆかめん》は正方形であり、側面は全て4面とも柱が4本、柱間は1間のものが3面になっているから、全て「方3間」と表現するのです。20基程《ほど》の塔を並《なら》べて説明する場合、個々《ここ》の塔の冠《かんむり》にそれを全部明記するのはここではあまり意味が無いし煩雑《はんざつ》であるので、できるだけ繰《く》り返し表現を省いています。

一般的《いっぱんてき》に方3間とは、柱間の内側の壁《かべ》、つまり柱の内々（柱と柱に挟《はさ》まれた空間）寸法《すんぽう》の1間の壁面《へきめん》が3つあることを意味します。そしてその塔の広さは正方形18畳《じょう》の広さという規模を意味しています。しかし時代や地域《ちいき》によって柱の芯々（芯から芯までを計る）寸法を計測することもあるのです。

本山寺、金山寺、遍照院に次いで

県下三重塔第4位の高さです。

　真木山山頂《さんちょう》にあった最後の姿《すがた》は草《くさ》葺《ぶ》きでした。しかし、屋根裏《やねうら》に柿葺《こけらぶき》の残骸《ざんがい》が残っていたので、現在のように柿葺にもどして葺《ふ》いています。

宝福寺三重塔

## 国指定重要文化財　宝福寺三重塔

室町時代　永和2（1376）年　墨書
総社市井尻野
昭和2年4月25日指定

　宝福寺はもともと天台宗の名刹《めいさつ》で、盛時《せいじ》には塔頭《たっちゅう》という本寺の中にある坊や、学院の数55、山外の末寺300余を有したといわれています。四《し》条天皇《じょうてんのう》の時には勅願寺《ちょくがんじ》となり、また鎌倉時代中頃、臨済宗《りんざいしゅう》に改宗《かいしゅう》し、現在は東福寺派の別格地《べっかくち》で、山号を井山と称《しょう》し、寺号は宝福寺護国禅寺《ごこくぜんじ》といいます。

　また画聖雪舟《がせいせっしゅう》ゆかりの禅院《ぜんいん》としても広く知られ、今も境内《けいだい》には山門、仏殿《ぶつでん》、庫裡《くり》、本堂、客殿《きゃくでん》など壮大《そうだい》な禅宗《ぜんしゅう》建物が並んでいます。

　三重塔は寺記によって鎌倉時代中期の弘長《こうちょう》2（1262）年北条時頼《ほうじょうときより》（最明寺入道）が建立《こんりゅう》したと伝えられていました。しかしその構造や技法《ぎほう》から、現在ある三重塔は室町時代の形式と推定《すいてい》されるようになり、さらにその後、昭和42（1967）年に行った解体修理《しゅうり》の際《さい》、「永和貳□十月二十一日直歳知見」（1376）の墨書銘《ぼくしょめい》が発見され、室町時代初期の建築であることが確認《かくにん》されたのです。

　寺記にいう弘長年間再建時の三重塔は他の場所にあって、現在の三重塔は永和《えいわ》2（1376）年にこの場所に再建《さいけん》されたと推定されるようになりました。

塔総高18・47メートル、柱は総円柱《そうえんちゅう》で鮮《あざ》やかなベンガラ色、軒は全層《ぜんそう》とも2軒繁垂木《しげだるき》で、屋根は本瓦葺《ほんかわらぶき》、隅木鼻《すみきばな》下端《かたん》に風鐸《ふうたく》が吊《つ》られています。

内部は2本の来迎《らいごう》柱を立て来迎壁を張り、来迎柱前方に高欄《こうらん》付きの唐様須弥壇《しゅみだん》を設けて、胎蔵界大日如来座像を安置しています。芯柱は初層の天井部から立ち上がっており、地上の礎石《そせき》に立てていません。

遍照院三重塔

**国指定重要文化財　遍照院三重塔**
室町時代前期　応永23（1416）年　墨書
倉敷市西阿知
大正14年4月24日指定

遍照院は真言宗の寺院で、寺伝では平安中期、寛和《かんな》元（985）年花山天皇勅願になる智空上人《しょうにん》開基となっています。

塔は方3間で初層で4・0メートル、2層3・53メートル、3層3・0メートル。総高21・33メートル（うち相輪総高6・72メートル）、本瓦葺。

県下では珍しく、開けた場所にある万葉ののどかさを感じさせる光景

屋根の逓減《ていげん》が整然となされて、屋上に青銅製《せいどうせい》の美しい相輪《そうりん》が立っています。

柱は総円柱、軒は3層とも2軒繁垂木、組物《くみもの》は和様の三手先《みてさき》として尾垂木を出しています。組物としては斗栱《ときょう》間の中備《なかぞなえ》である間斗束《けんとづか》と二斗束の巧《たく》みな配置に和様の美しさがかもし出されています。

芯柱は初層の天井（2層の床）で固定されています。その下（初層床）は四天柱を置き、内陣と外陣とに分けられ、内陣は格天井に唐様の須弥壇が備《そな》えられて金剛界《こんごうかい》の大日如来座像《だいにちにょらいざぞう》が安置されています。外陣は格天井、漆《うるし》を塗《ぬ》った拭板敷《ぬぐいいたじき》になっています。

宝永、明和、明治の大修理を経《へ》て、昭和42年に解体修理が行われました。この時、応永《おうえい》25（1418）年の再建墨書が発見され、室町時代前期に再建されたことが判明《はんめい》しました。

軒の出は深くて、木割《きわ》りも比較的《ひかくてき》大きく、また木鼻の様子、板彫式蟇股の意匠《いしょう》など、室町時代前期の建築様式の特色を表しています。とくにその外観は構成比例《こうせいひれい》バランスが良く、塔としての品格《ひんかく》と尊厳《そんげん》を合わせ持った優れた作となっています。

**重文　大滝山三重塔**

室町時代　嘉吉元（1441）年　寺伝
備前市大内
大正15年4月19日指定

木造本瓦葺、鋳《ちゅう》鉄製《てつせい》の相輪を立て、総高19・72メートル：そのうち相輪高6・12メートル。柱は総円柱。軒は全層とも2軒繁垂木《しげたるき》で、軒先の反りが目立ち、軒の出が深い。

この塔は全体に木割りが大きく、軒の出の深さから迫《せま》り来《く》る荘重《そうちょう》な姿になっています。江戸時代の雰囲気《ふんいき》とは違《ちが》って力強く、凜《りん》としています。岡山県下で4番めに古い塔です。大《おお》滝山福生寺《たきさんふくしょうじ》三重塔は熊山南麓《くまやまなんろく》の渓谷《けいこく》崖《がけ》上にあり、古来から山岳仏教の聖地でした。

寺伝によると、天平勝宝《てんぴょうしょうほう》年間（7

大滝山三重塔

49～756）に唐僧鑑真和上が諸《しょ》国《こく》教化のために熊山山頂に戒壇《かいだん》を築《きず》いて、大滝山《おおたきさん》を開き、修行《しゅぎょう》の道場としたとされています。

また報恩大師《ほうおんだいし》が備前《びぜん》四十八ケ寺を建立するにあたっても、その一つに加えられ、真言宗に属《ぞく》しました。その後万寿《まんじゅ》元（1024）年2月、火災《かさい》で全《ぜん》焼《しょう》。しかし足利尊氏《あしかがたかうじ》の発願《ほつがん》で観応《かんのう》年間に、播磨国西仏寺《はりまのくにさいぶつじ》より、良円《りょうえん》・良長《りょうちょう》の二師《にし》を招《まね》き、大滝山福生寺《ふくしょうじ》の再興《さいこう》に取りかかり、一時は院坊《いんぼう》33を数えるほどになり、足利尊氏は当山中興《とうざんちゅうこう》の祖《そ》とされています。また応永《おうえい》年間には足《あし》利義満《かがよしみつ》が本堂を再建、嘉吉《かきつ》元（1441）年には足利義教《あしかがよしのり》が三重塔を再建し、その規模はすこぶる大きくなったのです。この三重塔の荘厳《そうごん》さはそれを裏付《うらづ》けるに十分です。塔の高さは19・7メートルしかないのに大きく見える塔です。

しかし康正《こうしょう》元（1455）年、山《やま》名《な》宗全《そうぜん》と赤松則祐《あかまつそくゆう》の戦いの場となり、坊舎《ぼうしゃ》はまたしてもことごとく消失。しかし幸いにも三重塔と仁王門だけは残りました。三重塔は勢《いきお》いのあった当時の証人《しょうにん》のようなものです。現在はこの地に江戸時代に再建された本堂、経蔵《きょうぞう》、福寿院《ふくじゅいん》、西法院《さいほういん》、実相《じっそう》院《いん》が残っています。

## 重文　真光寺三重塔

室町時代中期　永正13（1516）年　寺伝
備前市西片上
昭和28年11月14日指定

この室町時代の特徴《とくちょう》を持った三重塔は慶長《けいちょう》18（1613）年に、瀬戸内市牛窓町《うしまどちょう》の蓮花頂寺《れんげちょうじ》にあったものを移築《いちく》したものです。総高18・2メートル。全層2軒繁垂木、内部には2本の来迎柱を立てて、来迎壁《らいごうかべ》を作り、仏壇を設け、その上には日本では非常に

珍《めずら》しいギリシャ彫刻《ちょうこく》の人肌《ひとはだ》に迫るきめ細かさをもった美しい大日如来座像が安置されています。それもそのはず仏像の素材《そざい》が木造でも花崗岩《かこうがん》でもなく、八木浄慶《やぎじょうけい》によって発見された三石の蝋石《ろうせき》で彼《かれ》自身が刻《きざ》んでいるからです。

儒教《じゅきょう》では、褒《ほ》めることは教育の一つであると説いています。八木家に

大日如来像

は浄慶が子供《こども》の頃、親孝行《おやこうこう》で池田光政から表彰《ひょうしょう》された古文書が残っています。その後八木浄慶は夜道を歩いている時、月夜に光るものを遠くに見つけ、行って見ると今の鏡石神社《かがみいしじんじゃ》の近くに存在《そんざい》する鏡石と呼《よ》ばれる蝋石の大岩だったのです。この発見が今日の三石耐火《たいか》レンガの遠いルーツとなっています。

ギリシャやローマではミロのヴィーナス等を見れば分かるように、あのようなリアルで、美しい石造彫刻が日本の弥生《やよい》時代にはすでにあるのに、日本の美術《びじゅつ》史上にはなぜないのであろうかという疑問《ぎもん》を持ったことは誰《だれ》しもあると思います。

それは日本では大理石がほとんど無く、硬《かた》くて研磨《けんま》がむつかしい粒子《りゅうし》の粗《あら》い花崗岩ぐらいしかなかったために、きめの細かい彫刻が遂にできなかったのです。

真光寺三重塔

それにしてもローマの水道があんなに綺麗《きれい》に組まれて生まれ、日本では花崗岩のようなものでは石を繋《つな》ぐことさえできなかったことを思うと、難関《なんかん》を乗りこえて花崗岩を使って「石の懸樋《かけひ》」（赤磐市熊山町徳富）を作った岡山人のユニークさは凄《すご》いとしか言いようがありません。そして日本にギリシャやローマのような彫刻が生まれなかった理由が真光寺の大日如来座像を見た時、全て氷解《ひょうかい》したのでした。

## 国指定重要文化財　遍照寺多宝塔

桃山時代　慶長11（1606）年　墨書
笠岡市笠岡中央町
昭和50年6月23日指定

木造、本瓦葺。初層は組物を二手先とし、柱は角柱、中備《なかぞえ》中央間には蟇股、脇間《わきま》に蓑束《みのづか》を入れています。このような二重塔のことを多宝塔といいます。2層の組物は四手先で禅宗様に近いものです。バランスからいえば、初層と比べると2層の屋根が小さく、全体に反りが少なく、且《か》つ頸が間延《まの》びしているので、上が重く感じられます。

一般的に、とりわけ多宝塔では最上層が扇垂木《おおぎたるぎ》が多いのですが、遍照寺多宝塔《たほうとう》は初層、2層とも、軒は2軒重繁垂木《かさねしげたるき》です。放射状《ほうしゃじょう》の扇垂木が中国様式であるのに対して、垂木同士を平行にするのがわが国独特《どくとく》の平行垂木です。

遍照寺多宝塔

亀腹《かめばら》を本瓦葺にしていますが、当初は漆喰《しっくい》で固めていたのです。それが明治時代の大修理の際、改変されたのです。初層側廻《まわ》りの4面とも、中央の間は板扉《とびら》、脇間《わきま》を連子窓《れんじまど》にしてあります。内部は来迎柱を立てて、来迎壁、須弥壇（後補）を設け安置している大日如来座像は世界を統一する最高の仏《ほとけ》で、千葉《せんよう》の蓮華《れんげ》の上に座《すわ》り、一葉ごとの世界に釈迦が現《あらわ》れて、説法する様が毛彫《けぼ》りされています。各蓮華には100億の世界があるとされています。この仏像は現在は移転《いてん》先にあります。

来迎柱や扉には仏画を、天井には龍《りゅう》、脇間壁の板には、真言宗で崇《あが》められている大日如来他の真言七祖に弘法大師を加えた「真言八祖」像、その他室内全面に装飾《そうしょく》文様を極彩色《ごくさいしき》で描《えが》いています。

小型の多宝塔ながら、木鼻《きばな》、組物、内部の彩色など高度な技術《ぎじゅつ》を競いあった時代の特色をよく示《しめ》しています。しかも各部の保存《ほぞん》も良好です。

遍照寺は元弘年間にこの地に移築された真言宗の寺院ですが、全ての建物は都市計画により、昭和50（1975）年この多宝塔のみを残し、方《ほう》位磁石《いじしゃく》で真西へ500メートルの距離《きょり》の西の浜干拓地《はまかんたくち》に昭和52（1977）年に移りました。ここでは人気《ひとけ》もなく、多宝塔も早急に移転した方が防災《ぼうさい》管理上は良いのですが、今も実現《じつげん》していないのがとても心配です。

なお初層の天井には慶長11（1606）年の墨書があり、また塔の後方には同じ年に塔供養《くよう》のために法華《ほっけ》経《きょう》を読誦《どくしょう》したことを記した石碑《せきひ》が建っており、塔の建立した時期が分かります。多宝塔としては県下最古のものです。

**重文　本山寺三重塔**

江戸初期　承応元（1652）年　棟札
久米郡美咲町定宗
昭和34年3月27日指定

本堂の正面に低い基壇《きだん》を設け、その上に南面して建てられた塔で、承《じょう》応《おう》元（1652）年に同境内地にある霊廟《れいびょう》と同時に、津山《つやま》藩主森長継《もりながつぐ》によって建立されました。岡山県下の三重塔の内で最も規模の大きなもので、塔の高さは26・4メートルで見る者を圧倒《あっとう》させずにはおきません。

全層2軒繁垂木、初層の内部は、四天柱を設けず、2本の来迎柱を立てて仏壇を置き、金剛界の五智如来座像《ごちにょらいざぞう》を安置しています。

芯柱はやや不等辺の八角柱（径33・3センチ）で、初層の天井から立って、2層、3層の中心を貫き、屋根の相輪に達しています。

本山寺三重塔

この塔は江戸時代初期の建築ですが、木割りが大きく、屋根の勾配がおだやかで、軒の出が各層大きく伸《の》びています。軒先の反《そ》りは美しい曲線を描き、しかも、各層の逓減率《ていげんりつ》は、ほどよく均整がとれて、塔全体に堂々とした風格《ふうかく》を、巨《きょ》木《ぼく》が林立する静かな境内の中に漂《ただよ》わせています。4、5月ともなればありのままで美しいシャクナゲと、時を重ねて色を失った塔の格調《かくちょう》と気高さが恐《おそ》ろしいほどの静けさの中で対峙《たいじ》し、揺《ゆ》れ動《うご》く煩悩《ぼんのう》に苦しむ生身の人間を引《ひ》き込《こ》んでの格闘《かくとう》もありで、ここで心を取りもどせるか否《いな》かの、まるで精神《せいしん》道場のようです。

**県指定重要文化財　西大寺観音院三重塔**

江戸前期　延宝6（1678）年　露盤銘
岡山市東区西大寺中
平成3年4月5日指定

県下三重塔では江戸期に建てられたものが最も多いのですが、その中で（塔身《とうしん》と相輪、屋根の大きさと各層の逓減率と反りのバランスにおいて）ひときわ均整のとれている古式の三重塔です。高さは21メートルです。

　真言宗では塔の初層内部の中央須弥壇に金剛界、胎蔵界《たいぞうかい》の主尊《ぬしのみこと》である大日如来座像を祀る必要から、一階の空間を広く取る必要上、中心にある芯柱は初層の天井から立ち上げるようになっているのです。

西大寺観音院三重塔

### 県指定重要文化財　静円寺多宝塔

江戸前期　元禄3（1690）年　棟札写
瀬戸内市邑久町本庄
昭和35年8月23日指定

　本堂の北側に位置し、元禄《げんろく》3（1690）年の棟札写《むねふだうつし》が示すように、大工は地元の柴田五郎兵衛兼久《しばたごろべえかねひさ》です。県下では笠岡《かさおか》の遍照寺《へんしょうじ》の多宝塔に次ぐ古さを誇《ほこ》っています。

　柱は欅《けやき》の総円柱で、上層は円筒形《えんとうけい》の軸部《じくぶ》に宝形《ほうけい》造りの屋根を載せ、本瓦葺、胴部《どうぶ》に高欄を廻らせています。芯柱は初層の中央天井から上層を貫き、相輪に達しています。

　内部は四天柱をもって内陣、外陣に分かれています。念入りな折上小《おりあげこ》組格天井《ぐみごうてんじょう》にして、須弥壇《しゅみだん》を設け、金剛界の大日如来座像を安置しています。高さは12メートルで県下で最も小さい。

　小振《こぶ》りの塔ながら全体の構成、装飾技法など、苦心のあとが色濃《いろこ》くうかがわれます。

静円寺多宝塔

## 県指定重要文化財　本蓮寺三重塔

江戸前期　元禄3（1690）年　棟札写
瀬戸内市牛窓町牛窓
昭和55年4月8日指定

本蓮寺三重塔

本蓮寺《ほんれんじ》は風光明媚《ふうこうめいび》な多島海の瀬戸《せと》内海《ないかい》に面した日蓮宗《にちれんしゅう》の寺院です。秀《ひで》吉《よし》の朝鮮出兵で悪化した両国の関係を修復《しゅうふく》する目的で江戸時代に始まった朝鮮通信使の宿泊所《しゅくはくじょ》にも当てられた所です。明応《めいおう》元（1492）年に作られた本堂（重文）を始め、室町時代の番神堂《ばんじんどう》（重文）、中門（重文）等、多くの由緒《ゆいしょ》ある建物が狭《せま》い寺域《じいき》の中にところせましと建っています。柱は欅で上部を絞《しぼ》るように丸くした粽《ちまき》状の総円柱です。総高約13・4メートル。

なお均整の取れた唐様《からよう》の影響《えいきょう》が強い花頭窓《かとうまど》を各層の4面に取り付けているのは塔建築ではとても珍しい。

内部は四天柱を用い、来迎壁《らいごうかべ》を設けて須弥壇《しゅみだん》を設置《せっち》しています。柱は金箔《きんぱく》張り、天井は小組格天井《ごうてんじょう》、床は拭板敷《ぬぐいいたじき》となっています。棟札の写しに、「元禄三（1690）庚午歳《こうごのとし》卯月《うづき》大吉祥日《だいきっしょうじつ》、本蓮寺四世、日趣上人代、大工錦織安兵衛《にしごりやすべえ》（邑久大工か）」との記述《きじゅつ》があり、江戸時代前期に建立されたことが分かります。この三重塔はやや小型ではありますが、補修《ほしゅう》の少ない形のまとまった優れた塔建築です。

## 未指定　曹源寺三重塔

江戸前期　元禄14（1701）年　芯柱墨書
岡山市中区円山　曹源寺

曹源寺《そうげんじ》は備前《びぜん》藩主池田家の菩提寺《ぼだいじ》として、元禄11（1698）年に池田綱政《つなまさ》が建立したものです。臨済宗妙心寺《みょうしんじ》派《は》の西日本屈指《くっし》の大寺院でもあります。全層2軒繁垂木、本堂の

曹源寺三重塔

裏には光政以降《いこう》の歴代藩主の墓所《ぼしょ》が造営《ぞうえい》されております。

その背後《はいご》のやや高い所に三重塔があります。芯柱墨書によれば、元禄14（1701）年3月に建立されました。組物の形式は和様と禅宗様《ぜんしゅうよう》が混在《こんざい》し、邑久郡山田村《おくぐんやまだむら》（現瀬戸内市《げんせとうちし》邑久町《おくちょう》）に本拠《ほんきょ》を持つ邑久大工の作例とされています。総高20メートルです。

今日のように山の手入れが行《ゆ》き届《とど》かなくなると、山火事が発生した場合塔への類焼《るいしょう》は避《さ》けられそうにないし、寺院から相当離《はな》れているために駆《か》け付《つ》けるのに、手《て》遅《おく》れになってしまう恐《おそ》れが多分にあります。

## 県指定重要文化財　安住院多宝塔

江戸時代前期　寛延4（1751）年　棟札
岡山市中区国富
昭和31年4月1日指定

曹源寺三重塔屋根。獅子口直下の巴文瓦に、ひときわ古様の文様があります。かつて前々回以前の千光寺三重塔の修理に使われていた古い瓦と全く同時期のものです

この塔は、瓶井山《みかいさん》の中腹《ちゅうふく》に建てられたもので、宝形造《ほうぎょうづくり》の本瓦葺《ほんがわらぶき》となっています。柱は総円柱、総高は20メートル。

4面の各中央部の蟇股《かえるまた》の彫刻は、各方位に即《そく》した四神（青龍《せいりゅう》、白虎《びゃっこ》、朱《す》

雀《ざく》、玄武《げんぶ》）を配しています。四周の腰部《ようぶ》には擬宝珠《ぎぼし》高欄（欄干《らんかん》）と縁《えん》を廻らせています。

塔内部には四天柱に囲まれた内陣に仏像《ぶつぞう》を安置する須弥壇《しゅみだん》が設けられ、木造大日如来《だいにちにょらい》座像が安置されています。

上層《じょうそう》は12本の円柱で円形の塔身を造《つく》り、周縁《しゅうえん》に組高欄《くみこうらん》が廻り、下層の屋根との接続部《せつぞくぶ》は漆喰《しっくい》で塗《ぬ》り固《かた》められた亀腹で固定されています。

この多宝塔は元禄年間に、時の藩主池田綱政《いけだつなまさ》が、後楽園《こうらくえん》の借景として建立したと伝えられ、「見返りの塔」として今日まで親しまれています。延養亭《えんようてい》の前から見ると後楽園に欠かせないものとして実に落ち着きを増《ま》す立派な借景として計算されて作られていることが分かります。大工は尾形、田淵といった邑久大工の作。

安住院多宝塔

## 未指定　千光寺三重塔

江戸中期　明和２（１７６５）年　棟札
赤磐市中島

石井原山千光寺は備前《びぜん》四十八ケ寺の第二十六番寺院です。最初から四十八ケ寺があったわけではありません。津高郡駅郷波河村《つだかぐんまやごうはが》（現芳賀《はが》）生まれの報恩大師（生誕年《せいたんねん》不明〜７９５）によって一番初めの霊場《れいじょう》として天平勝宝元（７４９）年に詔命《しょうめい》を賜《たまわ》って金山寺が建立され、それからかなり後の時代に「備前四十八ケ寺」として整えられたものです。「備前四十八ケ寺」に相当する呼称《こしょう》が現存資《し》料《りょう》に見いだされるのは、文禄《ぶんろく》４（１５９５）年の年紀を有する金山寺文書が最も古いからです。もちろん大師号は天皇から賜《たまわ》るものです。

四十八ケ寺の「四十八」は『無量《むりょう》寿経《じゅきょう》』に説かれている阿弥陀如来の四十八願に基《もと》づくもので、衆生《しゅじょう》を救済《さい》するために誓《ちか》った教えのことです。現在の千光寺は天台宗です。

山内は仁王門、本堂、客殿、庫裡、鐘楼堂等七堂伽藍《がらん》を備え、明和《めいわ》2（1765）年に邑久郡の名工尾形庄助棟梁《とうりょう》がこの三重塔を建立しました。技法的に礎石はその時替《か》えたのではないかと思われます。

高さ20・65メートルで、初層建物は一辺が5・978メートルで、本尊は大日如来座像です。

飛檐垂木《ひえんだるき》そしてその下側から支《ささ》える地垂木は重厚《じゅうこう》な2軒繁垂木《しげだるき》。そして3層のみが放射状の扇繁垂木で、屋根は本瓦葺です。

築後《ちくご》二百三十有余年《ゆうよねん》風雪に耐《た》えたのですが、老朽化《ろうきゅうか》が著《いちじる》しく進んで破《は》損箇所《そんかしょ》が多くなったために、当山開創1250年記念に合わせて、平成大修理が完成しました（平成11（1999）年11月吉日）。

もともと屋根に載っていた瓦は脇《わき》にそのまま積み置かれていますが、よく見ると、江戸時代のものに混《ま》じって、写真正面の巴文《ともえもん》はもっと古い時代の瓦が散見されます。そのことからすれば、邑久大工尾形庄助が建てたのは新築ではなく、老朽化していた三重塔を解体修理したということになります。使える瓦は次の建物に使ったのでしょう。現在の文化財修復でもできるだけ再利用《さいりよう》しています。例えば備中国分寺五重塔は古い瓦を南側に回し、新しく補足した瓦を北に回しています。しかし千光寺三重塔は今回全て新瓦にして、先代と先々代の瓦は全て下ろしています。小綺麗《こぎれい》に見えますが、歴史の重み

千光寺三重塔

屋根から下ろされた瓦の中には、写真のように今回葺き替えた現代瓦よりさらに古い2時期の瓦が散見されます

や風情《ふぜい》の点や継続性《けいぞくせい》が失われることにはなります。

## 県指定重要文化財　金山寺三重塔

江戸後期　天明8（1788）年　棟札
岡山市北区金山寺
平成4年4月3日指定

天台宗の寺院で、天平勝宝元（749）年孝謙《こうけん》天皇の勅命《ちょくめい》により、成就寺三重塔と同様報恩大師が創建《そうけん》したと伝えられています。

後に備前四十八ケ寺を創設《そうせつ》した際、その総本寺《そうほんじ》となりました。金山寺というのは俗称《ぞくしょう》で、本来は金山観音寺《かなやまかんのんじ》遍照院《へんじょういん》といいます。

金山寺は戦国時代に金川城主松田《かながわじょうしゅまつだ》左近将監《さこんしょうげん》から日蓮宗への改宗を迫られて、拒絶《きょぜつ》したために堂塔全てを焼きはらわれました。その後伯耆大山《ほうきだいせん》寺《じ》から来た豪円僧正《ごうえんそうじょう》が復興に努めました。松田氏を滅《ほろ》ぼした宇喜多直家《うきたなおいえ》が援助《えんじょ》し、金山寺は天正《てんしょう》2～3年に本堂と護摩堂《ごまどう》が完成しました。

文化財も豊富《ほうふ》で、本堂、金山寺文書は重文、三重塔、護摩堂、阿弥陀如来座像、五鈷鈴《ごこれい》、五鈷杵《ごこしょ》が県文、仁王門は市指定と一級の文化財が存在しています。

三重塔は初層は本瓦葺、主材は欅《けやき》ですが、2層、3層の構造材《こうぞうざい》としての、はね木などは松材です。芯柱は下層の中央天井から上層を貫いて、相輪に達しています。高さは約25《メートル》で本山寺三重塔についで高い塔です。邑久郡宿毛《おくぐんすくも》の大工棟梁田淵《だいくとうりょうたぶち》繁枝《しげかず》によって建てられたものです。

初層中備に見る蟇股の彫刻はすこぶる繊細《せんさい》です。また瓦の巴文様《ともえもんよう》は再建時のものとは思えないほど新しい様式になっており、前回か前々回か、全数取り替えたものと思われます。参道の石段《いしだん》から仰《あお》ぎ見《み》ると四隅屋根《よすみやね》の反りは浅く、どっしりとした風格が漂っています。

金山寺三重塔

## 岡山市指定重要文化財
## 成就寺三重塔

江戸末期　文化5（1808）年　棟札
岡山市北区建部町富沢
平成22年7月27日指定

日蓮宗藤田山成就寺《ふじたさんじょうじゅじ》は、奈良時代の天平勝宝年間（749〜757）に報恩大師摩訶上人《まかしょうにん》によって創建されました。報恩大師は養老《ようろう》2（718）年に現在の岡山市芳賀に生まれ、15歳《さい》で出家し芳賀坊と称《しょう》しました。

芳賀坊は備前、備中《びっちゅう》の山中で山岳修行に励《はげ》み、中でも法華経寺《ほけきょうじ》（今の日応寺《にちおうじ》）に入って修行を重ねました。その後45年間大悲呪《だいひじゅ》をもって数々の霊験《れいげん》を顕《あらわ》したといわれています。

天平勝宝4（752）年孝謙《こうけん》天皇が病に苦しまれた際、病気平癒《へいゆ》の祈《き》願《がん》を芳賀坊に命じられ、応《こた》えて芳賀坊が祈祷《きとう》をした結果、孝謙天皇はたちまち快癒《かいゆ》され、芳賀坊の法力に感謝《かんしゃ》し「報恩大師」という名を授《さず》け、摩訶上人という号もその時賜ったのです。さらに恩《おん》賞《しょう》として備前四十八ケ寺建立発願に対する勅許《ちょっきょ》があり、計画実現の最後に大願成就《じょうじゅ》した道場という意味を込めて成就寺と称したと伝えられています。

天台宗の寺院として山上伽藍《がらん》を整え、山岳仏教の先鞭《せんべん》を付けたのです。かつてはそこに五重塔が聳《そび》えて、末寺3ケ寺、12ケ坊を擁《よう》していたといいます。

しかし明和3（1766）年12月4日仁王門《におうもん》を残して塔頭はことごとく灰燼《かいじん》に帰してしまいました。現存する建物は全てそれ以後のものです。高さは13メートルです。

県内では唯一の桟《さん》瓦葺です。初層は2軒繁垂木《しげだるき》、2層は2軒扇垂木《おうぎだるき》、3層は再《ふたた》び2軒繁垂木となるなど、県下では類例がありません。大工は旧市場村（建部）の藤井重太郎弘重。

反りは少なく、相輪は鉄製《てっせい》です。ただ床材《ゆかざい》の木割りを見ると縦割《たてわ》り技法を併用《へいよう》した上面平面仕上げ、下面

成就寺三重塔

えぐり技法を用いた古い様式を温存《おんぞん》しています。礎石上面と束柱の関係は、てかり技法ではなく平面磨《みが》きとなっています。焼け残ったといわれる仁王門（市指定）は最近になって、以前の面影《おもかげ》もなくすっかり改変され、各時代ごとの事情《じじょう》や人情《にんじょう》が改変に色濃く反映《はんえい》されているかのようです。

## 県指定重要文化財　餘慶寺三重塔

江戸末期　文化12（1815）年　棟札
瀬戸内市邑久町北島
平成14年3月12日指定

上寺山《うえてらさん》餘慶寺《よけいじ》は天平勝宝元（749）年に報恩大師《ほうおんたいし》が開基したと寺伝で伝えられています。以来1250年の歴史が流れています。かつては日待山日輪寺《にちりんじ》と称し、備前四十八ケ寺の一つとして、世の常ながら繁栄《はんえい》と凋落《ちょうらく》を経てきたのです。平安時代《へいあん》には慈覚大師《じかくだいし》が再興し、本格寺《ほんがくじ》と改めたこともありました。

その後近衛《このえ》天皇の勅願所《ちょくがんしょ》となって、今日呼ばれているような上寺山餘慶寺へと改められ、安泰《あんたい》と五穀豊穣《ごこくほうじょう》を祈願するようになりました。そして中世には、赤松《あかまつ》氏、宇喜多《うきた》氏の保護《ほご》もあって再び大いに栄え、往時《おうじ》は7院13坊《ぼう》といわれました。かつての塔頭の内、今なお恵亮院《えりょういん》、本乗院《ほんじょういん》、吉祥院《きちじょういん》、定光院《じょうこういん》、明王院《みょうおういん》、圓《えん》乗院《じょういん》の6院が残っていて、「一山、一寺多院制《せい》」というスタイルが今日まで残っていることも珍しいのです。

この餘慶寺三重塔は元々あった塔跡《あと》に、草井幸右衛門《くさいこうえもん》が私財《しざい》をもって、宿毛《すくも》村《むら》の邑久大工田淵市左衛門繁枚《たぶちいちざえもんしげかず》と田淵卯三郎勝孝《ぶちうさぶろうかつたか》らと図《はか》って、文化《ぶんか》12（1815）年に建立したものです。高さは20・6メートル《メートル》です。

反りが少なく落ち着いたたたずまいを見せています。牛窓本蓮寺《うしまどほんれんじ》、柵原町本山寺《やなはらちょうほんざんじ》、建部町成就寺《たけべちょうじょうじゅじ》など共通性《きょうつうせい》が見られます。

餘慶寺三重塔

## 岡山県指定重要文化財
### 五流尊瀧院三重塔

江戸時代末期　文政3（1820）年　棟札
倉敷市林
昭和49年 5月31日指定

五流尊瀧院三重塔は観音堂の下の段に割石《わりいし》積みの基壇を設け、そこに西に面して建てられています。初層両柱間は4・29メートル、総高21・5メートル、本瓦葺。近世に登場する隅棟《すみむね》の端《はし》に、鬼瓦《おにがわら》の一種である獅子口《ししぐち》を置き、隅《すみ》木《ぎ》の先に銅製《どうせい》の風鐸を吊っています。

軒は初層、2層を2軒繁垂木《しげたるき》、3層を2軒扇垂木《おおぎたるき》にしています。柱は欅の円柱を用いています。芯柱は2層床で固定しています。

なお、各層に高欄を廻らせ、初層の内部は四天柱を設け、外側を外陣、その内側を内陣としています。内陣には高さ75センチの仏壇を設け、天井を一段高くして格《ごう》天井張りにし、蓮花《れんげ》座《ざ》に座した漆箔《うるしはく》の大日如来像を西向きに安置しています。内外共に珍しく白木造りとなっています。各層の逓《てい》減《げん》がほどよく、落ち着きと安定感が見られます。

棟札の存在ははっきりしていませんが、寺の資料台帳には、文政《ぶんせい》3（1820）年に建立したとの記録があることもあって、古い様式を受け継いでいる江戸時代末期の三重塔といえるでしょう。邑久大工田淵嘉兵衛勝繁の作。

五流尊瀧院三重塔

## 国指定重要文化財
### 備中国分寺五重塔

江戸末期　天保14（1843）年頃
総社市上林
昭和55年12月18日指定

備中国分寺は奈良時代の天平《てんぴょう》13（741）年聖武天皇の詔勅によって国分尼寺とともに建立された官寺です。壮大な伽藍を誇っていましたが、途中《とちゅう》平安時代に消失してしまいました。

そして江戸中期享保《きょうほう》2（1717）年頃から再建があり、五重塔《ごじゅうのとう》はさらに100年遅れて、江戸末期文政4（1821）年に着工し、天保《てんぽう》14（1843）年頃に再建されました。

　松材を多用しているため、この五重塔も虫害による老朽化が目立ってきたために、平成2年からほぼ160年ぶりに、3年計画（約2・1億円）で一、二層の部分修理、三、四、五層部分の解体修理を開始しました。

　平成3年9月の深夜襲来《しゅうらい》した台風19号で足場もろとも倒壊《とうかい》したために、やむをえず全面解体に計画を急遽変《きゅうきょへん》更《こう》しました。私もその翌年《よくねん》からこの修理事業に携《たずさ》わることになったのです。結局5年の歳月《さいげつ》と総額《そうがく》4億円をかけて平成6年に無事修理を終えました。

　備中国分寺は平成6（1994）年の修理時に、高さを2・1メートル縮《ちぢ》めて元の36・1メートルにもどしました。それは昭和36（1961）年の修理の際により立派《りっぱ》に見せるために、相輪部分を伸ばしていたという言い伝えの通りの元の相輪柱が本堂床下から見つかったためです。文化財の修理は常に本来どうであったかの調査研究を行いながら、できる限り旧に復するというのが原則だからです。

　五重塔は特に柔構造《じゅうこうぞう》で、5層に上がるとわずかな風でもゆらりゆらりと揺れるのが分かります。東京のスカイツリーもそれを取り入れているのです。

　日本で五重塔の倒壊した例はあまり聞いたことがなく、この備中国分寺が特異《とくい》な例になったのです。

備中国分寺修復落慶当日（平成６年２月 20 日）

なぜ五重塔は倒《たお》れないか。なぜ備中国分寺のそれは倒れたのかを分析《ぶんせき》しておくことは自国の文化の長所や弱点を冷静に見る上で重要なことと思われます。

　倒れない理由は、実は各層に対して付随《ふずい》する屋根が地垂木《じだるき》で支えられ、垂木は「テコ」と「弥次郎兵衛《ヤジロベー》」の原理を合わせ持っているからです。

　屋根と瓦の重みは各層の四角な部

屋の縁《ふち》を支点《してん》とした「テコ」の応用《おうよう》で、その屋根を支えている垂木の根元は芯柱へ差《さ》し込《こ》まれているのです。テコの支点より少し上部芯柱に固定させます。瓦の重さがかかれば、テコの原理で芯柱を上に押《お》し上《あ》げるような力になり、過大《かだい》な重力を軽減《けいげん》し、柱自身は浮《う》き上《あ》がるような力が働くのです。全荷重が芯柱にかかって湾《わん》曲《きょく》したりよじれたりすることを防《ふせ》いでいるのです。こうして垂《た》れ下《さ》がった重い屋根が弥次郎兵衛原理になっているから五重塔は倒れないのです。

それでは倒れた原因《げんいん》は何だったのでしょうか。それは二つの原因とその重なりがあったのです。一つは上層を解体途中にたまたま台風が襲《おそ》ったという不幸です。その時芯柱が北方向へ礎石の上を滑《すべ》って倒壊したのです。

もう一つは時代の持つ責任《せきにん》です。いつの時代でも、われわれは時代の進展《しんてん》と共に全てが向上進歩するものだと信じてしまう悪い癖《くせ》があるのです。そこを突《つ》かれているような気がします。そういう癖を持って繰《く》り出《だ》されてくる人間は、勘違《かんちが》いで払《はら》う代《だい》償《しょう》の大きさを知らないのです。後から生まれたものがいつも賢《かしこ》いものなのでしょうか。文化財に接《せっ》することが無ければ、その文化財の文化力には決して気が付かないままであったことでしょう。

例えば中世以前の建物を、礎石とその上に載る柱の関係で見てみると、凸凹の石の形状にピッタリ3D状に合わせて柱を削《けず》ったり、抉《えぐ》ったり、それは手間暇《てまひま》を掛けて上下寸分《すんぶん》の隙間《すきま》もなくかみ合わせているのです。

奈良時代の大寺院はさらに、礎石に膨《ふく》らみ凸部《とつぶ》を彫《ほ》り出してその上に柱には凹《おう》の穴《あな》を刳《く》って上から被《かぶ》せました。柱がねじれないように石にほぞ穴まで彫ったものまであります。そのために柱は礎石の上をずれることはありません。

しかし平和な江戸時代になると都市化が進んでいきました。そのため世の中の大抵《たいてい》の領域《りょういき》で、小綺麗に美しく仕上げることが職人《しょくにん》の共通した手法となっていきました。

備中国分寺五重塔の礎石は実に綺麗に磨いていることに私は気が付きました。そして当初の礎石ではないかと思われるものがすぐそばにあります。それにはダボ（凸起）も付いています。広くて安定性《あんていせい》も良さそうです。

強い台風で、五重塔も上を取られて軽くなった部分だけ余計《よけい》に滑って、足場もろとも倒壊していったのです。見た目が美しいということと、本質《ほんしつ》を忘《わす》れるということは常《つね》に隣《とな》り合《あ》わせになっているような気がします。

ところで五重塔は全国にいくら残っているのでしょうか。古い順に列挙してみると、法隆寺《ほうりゅうじ》（奈良：飛鳥《あすか》）元興寺《がんごうじ》（奈良：天平）海竜王寺（奈良：天平頃）室生寺《むろおじ》（奈良：天長《てんちょう》）醍醐寺《だいごじ》（京都：天暦《てんりゃく》）海住山寺《かいじゅうせんじ》（奈良：建保《けんぽう》）東寺小塔《とうじしょうとう》（京都：延応《えんのう》）明王院《みょうおういん》（広島：貞和《じょうわ》）出羽神社《でわじんじゃ》（山形：応安《おうあん》）厳島神社《いつくしまじんじゃ》（広島：応永《おうえい》）興福寺《こうふくじ》（奈良：応永）法観寺《ほうかんじ》（京都：永享《えいきょう》）瑠璃光寺《るりこうじ》（山口：嘉吉《かきつ》）本門寺《ほんもんじ》（東京：慶長《けいちょう》）妙成寺《みょうじょうじ》（石川：元和《げんな》）法華経寺《ほけきょうじ》（千葉：元和）仁和寺《にんなじ》（京都：寛永《かんえい》）寛永寺《かんえいじ》（東京：寛永）東寺《とうじ》（京都：寛永）最《さい》勝院《しょういん》（青森：寛文《かんぶん》）大石寺《たいせきじ》（静岡《しずおか》：寛延《かんえん》）興正寺《こうしょうじ》（愛知：文化）東照《とうしょう》宮《ぐう》（栃木：文政《ぶんせい》）妙宣寺《みょうせんじ》（佐渡《さど》：文政）国分寺（岡山：天保）で、日本全国で25しかありません。

備中国分寺五重塔は岡山県下唯一の五重塔であるばかりか、国分寺に建っている五重塔としては実はわが国でこれだけなのです。そしてこの塔は全国で最も新しい五重塔でもあったのです。

もの言わぬものから学ぶ大切さ、同時に文化財の向こう側を見る必要性は文化財保護という枠《わく》を遥《はる》かに超《こ》えて一人一人の日々の生き方、民族の生き方や誇りにかかわっているのです。誇りを捨《す》てた人間に先人を超える仕事は決してできません。

当初のものかと思われる礎石がすぐ近くに転がっている

備中国分寺五重塔の礎石と芯柱
（一見美しく仕上げられているが…）

**岡山県指定重要文化財**
**蓮台寺多宝塔**

江戸時代末期　天保14（1843）年　棟札
倉敷市児島由加
昭和31年4月1日指定

天保14（1843）年に、16年間という歳月をかけて再建されたものです。

元の多宝塔は寛文《かんぶん》10（1670）年の暴風雨《ぼうふうう》で倒壊してしまいました。

基壇上に亀腹を作り、その上に正面南向きで建っています。下層は両柱間5・96メートル。柱は欅材の総円柱。軒は2軒という、裏から見ると軒が重層に見える構造です。これは見た目だけでなく、軒を長く出すためには上の軒を下の軒で支える2段支えにする必要から生まれました。この多宝塔は繁垂木で、隅木や尾垂木や軒の出が非常に長く、三手先ないし四手先を組んで軒を支えています。4面とも中央の間に両開き桟唐戸《さんからど》を設け、そこが入り口となっています。

内部は内陣と外陣を金箔《きんぱく》押しの四天柱で分け、内陣は折上げ格天井、畳敷、外陣は花鳥が描かれた格天井、拭板敷《ふきいたしき》とし、内陣中央に設けた仏壇に金剛界五智如来座像を安置しています。塔の総高は21メートルで、県下最大の多宝塔です。

上層は下層の屋根の上に漆喰塗りの亀腹を設け、高欄を廻らせ、円筒型の軸部を組み、宝形造りの屋根を載せています。その軒は2軒繁垂木で、しかも放射状に配列した扇垂木になっています。組物も手数の多い四手先を用いて（これは特に多宝塔に多く、壁面から前方へ斗組《とぐみ》が前方へ尾垂木を含めて4段に出ているもの）、深い軒の出を支えているのです。

屋根に立てられた相輪には、作州津山の鋳物師百済市郎右衛門が文政11年夏、由加山で鋳造《ちゅうぞう》したとの在銘《ざいめい》があります。

また棟札では再建時の大工棟梁は、児島郡後閑村（現玉野市後閑）の大塚清左衛門隆悦となっています。

これで岡山全塔の説明は終わりますが、なぜ岡山県に三重塔が最も多いのかという理由は分かったでしょうか。

蓮台寺多宝塔

## 岡山に三重塔が日本一多い4つの理由

①日本一の回船基地《きち》のあった「尻海」に隣接《りんせつ》した「牛窓」地域は、こ

れまた日本一の造船《ぞうせん》基地として栄えていました。その両地域と等距離で隣接する「邑久」地域は、両方を結びつけてトライアングルを形成し、雇《こ》用《よう》変動を均《なら》す効果《こうか》のみならず、造船技術を応用《おうよう》して、新たに複雑《ふくざつ》でさらに大きな仕事を邑久大工として、自由な精鋭《せいえい》として出向いて神社、仏閣《ぶっかく》、塔建築、城郭《じょうかく》建築で存分《ぞんぶん》に輝きを放つ活躍《かつやく》の場を形成したと思われます。それが岡山に立派な塔が生まれた理由の一つではないでしょうか。

②岡山は災害《さいがい》の少ない地域であったために、多く残ったとも考えられるかもしれません。もちろん岡山でも台風や地震被害《ひがい》が全くないわけではありません。稀な例として生活物資《ぶっし》もままならない暗い時代の昭和9年の仏教寺三重塔のように、雨漏《あまも》りの手当てを怠《おこた》っている間に台風で崩壊《ほうかい》してしまいました。それでも岡山は地震、台風は最も少ない所です。

③奈良時代において日本を代表するような報恩大師という宗教家《しゅうきょうか》が、岡山に生まれたことも塔の多さと関係しているかもしれません。例えば岡山は地元であるから、報恩大師開基とされる三重塔が一覧表《いちらんひょう》でも分かるように非常に多いことが分かります。また庇護《ひご》支援《しえん》する藩主などパトロンが多かったことも、日本一の数の多さに影響しているのではないでしょうか。

④岡山は古くから、全国で抜きんでて、先取的に色々な文化を取り入れ、それでわが国の「時代」を変えるほどの大きな波を引き起こしてきた過《か》去《こ》を持っています。飛《と》び抜《ぬ》けて早い稲作導入《いなさくどうにゅう》、製鉄《せいてつ》開始の早さ、巨大前《ぜん》方後円墳《ぽうこうえんふん》の開始や日本刀の誕生の早さ、宗教改革《しゅうきょうかいかく》のトップバッター、どれも出現《しゅつげん》が最も早く規模も圧倒的なものでした。また、それらの偉業《いぎょう》を、次代に金字塔《きんじとう》としてこだわり残す無《む》意識《いしき》の風潮《ふうちょう》があります。

　それが現代においても、なお引きずり、表している一つの象徴的《しょうちょうてき》なものがあります。例えば「岡山県は単位面積当たり、人口当たりで博物館美術館数が全国ダントツ第1位」という事例もその一つです。総数では県内に300館もあります。この中にこそ岡山県人は文化にこだわるという特質《とくしつ》が見えてきます。これも金字塔を建てたいということとつながっているように思います。

　岡山県に三重塔が日本一多い「理由」が、少しは腑《ふ》に落ちましたか。三重塔は岡山人にとって文化財的側面だけでなく、それを超えて岡山文化の「金字塔」ではないでしょうか。

岡山県下全塔に関わった大工、有力高僧庇護者等一覧

| 名称 | | 邑久大工との関わり | 高僧との関係 | 備前四十八ヶ寺 | 有力庇護者 | その他 |
|---|---|---|---|---|---|---|
| ◎ | 長福寺三重塔 | 邑久大工国右衛門 | 鑑真開基 | | 領主江見左馬頭 | 古来山岳仏教 |
| ◎ | 宝福寺三重塔 | | | | 四条天皇勅願 | |
| ◎ | 遍照院三重塔 | | 智空上人開基 | | 花山天皇勅願 | |
| ◎ | 大滝山三重塔 | | 鑑真開基、報恩大師 | ○ | 足利尊氏、義満、義教（塔） | 古来山岳仏教の聖地 |
| ◎ | 真光寺三重塔 | | 行基開基 | ○ | 孝謙天皇勅命 | 牛窓町の蓮華頂寺から移転 |
| ◎ | 遍照寺多宝塔 | | | | | |
| ◎ | 本山寺三重塔 | | | | 津山藩主森長継 | |
| ○ | 西大寺観音院三重塔 | | | | | |
| ○ | 静円寺多宝塔 | 邑久大工柴田五郎兵衛兼久 | | | | |
| ○ | 本蓮寺三重塔 | 錦織安兵衛（邑久大工ｶ） | | | | |
| | 曹源寺三重塔 | 邑久大工（大工名不明） | | | 池田綱政 | |
| ○ | 安住院多宝塔 | 邑久大工の尾形、田淵 | | | 池田綱政 | |
| | 千光寺三重塔 | 邑久大工尾形庄助 | 報恩大師 | ○ | | |
| ○ | 金山寺三重塔 | 邑久大工田淵市左衛門繁枚 | 報恩大師 | ○ | 孝謙天皇勅命<br>宇喜多直家 | |
| □ | 成就寺三重塔 | 建部市場村大工の藤井重太郎弘重 | 報恩大師 | | 孝謙天皇勅命 | |
| ○ | 餘慶寺三重塔 | 邑久大工田淵市左衛門繁枚<br>同田淵卯三郎勝孝 | 報恩大師 | ○ | 草井幸右衛門 | |
| ○ | 五流尊瀧院多宝塔 | 邑久大工田淵嘉兵衛勝繁 | | | | |
| ◎ | 備中国分寺五重塔 | | | | | 全国で最も新しい五重塔 |
| ○ | 蓮台寺多宝塔 | 児島後閑（現玉野市）大工大塚清左衛門隆悦 | | | | 備中国分寺五重塔とほぼ同時期 |
| ▼ | 仏教寺三重塔 | 【雨漏りで放置して柱傾き、その内相輪、九輪も落ち、昭和９年の台風で崩壊】 | | | | |
| ▼ | 蓮昌寺三重塔（旧国宝） | 【昭和 20 年６月２日未明空襲で焼失】 | | | | |
| ▼ | 弘法寺多宝塔（旧県重文） | 邑久大工尾形太郎衛門末次<br>【昭和 42 年 12 月 30 日火災により焼失】 | | | | |

【凡例】◎国指定重文　○県指定重文　□市指定重文　▼消失して失われたもの

【参考文献】
岡山県の文化財 １．２．３　岡山県教育委員会　1980・1981・1982
図説歴史散歩事典　山川出版社　1986
岡山県文化財総覧　㈶岡山県市町村振興協会　1995
建築大辞典　第２版　株式会社　彰国社　2003
巴文の時代変遷は拙著『文化財情報学研究第８号』（吉備国際大学文化財総合研究センター発行2011年）参照
その他倉敷市建築士会会長暁設計社長山田暁さんにも色々と教えを頂きました。

# ブータンと日本の建築

ぶーたんとにほんのけんちく

■ブータンには日本人が忘れてきた過去がたくさん残っています

## 日本の中世に主流だった板葺屋根がブータンに

日本の中世における板葺《いたぶき》家屋の様子を見たければ、ブータンへ行くと良い。ブータンでは驚《おどろ》くなかれ板葺屋根が今も主流なのです。これを日本では柿葺《こけらぶ》きとか、厳密《げんみつ》にはこのように長めの板を使う場合は、栩葺《とちぶ》きと言ってきました。ブータンと日本の間には屋根の葺き方のみならず、建築技法《けんちくぎほう》にも驚くような共通点があります。

昭和《しょうわ》63（1988）年に「奈良《なら》・シルクロード博」が開催《かいさい》されたとき、天空の仏教国《ぶっきょうこく》ブータンは、『ブータンは仏壇《ぶつだん》の国』というキャッチフレーズで小さなパビリオンを構《かま》えていました。

ブータンは90％以上が農家ですが、家は3階建ても少なくありません。その場合1階が家畜《かちく》小屋、2階が居住《きょじゅう》、3階の最も良い場所が仏壇になっているのです。3階建てでなくても、国民はみんな敬虔《けいけん》な仏教徒《ぶっきょうと》で、とにかく家の一番良いところが仏壇すなわち仏間《ぶつま》になっているのです。いわば仏壇の中で生活しているといっても過言《かごん》ではありません。

ブータンは今から42年前の1974年まで鎖国《さこく》をし、今なお西欧《せいおう》文明の毒牙《どくが》を恐《おそ》れ、私《わたし》が20年近く前に訪《おとず》れた時点ではテレビ局さえまだなく、首都ティンプーには信号機も1基《き》もありませんでした。

そのことも含《ふく》めて、無批判《むひはん》に向かうところも知らずに突《つ》っ走《ぱし》っている日本と比較《ひかく》すると、国王の見識《けんしき》は大変立派《りっぱ》に見える不思議な、しかも国民は素朴《そぼく》で生き生きと、それでいてゆったりと生活しており、まるで桃源郷《とうげんきょう》のような国でした。また真言密教《しんごんみっきょう》の心優《やさ》しい仏教国であり、弘法大師《こうぼうだいし》が中国から日本に密教をもたらした時代状況《じょうきょう》に近いまま、今日に至《いた》っ

日本の中世を思わせるブータンの栩葺き屋根

ている国なのです。日本人そっくりの顔をしたブータンの人々が、実に穏《おだ》やかで、縋《すが》らない生活をしていました。

忘《わす》れて欲《ほ》しくないのですが、弘法大師の頃《ころ》、日本にお墓《はか》はありませんでした。ブータンには私が訪れた時もお墓がありませんでした。本当はどちらがまともな国か不思議な感覚に襲《おそ》われました。

仏壇といっても自分の家の先祖や位牌《いはい》を祀《まつ》っているのではなく、お釈《しゃ》迦《か》様や観音《かんのん》様などを祀っているのです。ものすごく立派な部屋と金銅製《きんどうせい》五鈷鈴《ごこれい》、五鈷杵《ごこしょ》、金剛盆《こんごうぼん》、花瓶《かびん》、六器、飲食器等十数点の真言密教法具、護摩《ごま》法具のような祭壇《さいだん》が家毎《いえごと》に設《そな》えてありました。

3階は仏壇というより、家々の小さなお寺といった方が良いかも知れません。実際《じっさい》に農家を訪問《ほうもん》して、初めてあのシルクロード博の時のキャッチフレーズ「ブータンは仏壇の国」の意味が理解《りかい》できたのです。

日本でも、文化財修理《ぶんかざいしゅうり》において、他項《たこう》で述べましたがこの栩葺きや柿葺きにする板は機械割《わ》りの板ではなく、鉈《なた》割りといって、手で割《わ》るのを最上としているのです。それは機械割りだと木材の繊維《せんい》を強制的《きょうせいてき》に切断《せつだん》しているのに対して、手割りは木材の繊維に沿《そ》って割っているから、水気が入ったりせず、腐《くさ》りにくいのと、板に適当《てきとう》な厚薄《こうはく》の差や、しなりがある方が板同士ピタッと密着《みっちゃく》しているものより、毛細管現象《げんしょう》が起こらないために雨漏《あまも》りや、腐りに対してむしろ強いのです。ブータンにおいて庶《しょ》民《みん》の屋根材に使う板を割る方法は山《さん》岳《がく》地帯で今でもこのやり方で作っているのです。

板葺きが今でも主流の光景は、日本の柿葺きの時代を彷彿《ほうふつ》とさせ、驚きのあまり立ちすくんでしまったのです。しかし実はそれ以上に柱の継《つ》ぎ方にもっと驚いてしまいました。

## 日本における柱を繋《つな》ぐ技法はブータンにもあった

ゾンと呼《よ》ばれる巨大《きょだい》な建物は寺院であり、同時に県庁《けんちょう》であって、侵略《しんりゃく》を受けた時は、住民をかくまう巨大な城塞《じょうさい》でもあるのです。この巨大な建物の修理時に出た柱を私はゾンの一角に発見してしまったのです。

岡山県《おかやまけん》吉備《きび》中央町《ちゅうおうちょう》吉川《よしかわ》にある重要文化財吉川八幡宮《よしかわはちまんぐう》の修理時に見た「十字目地」という柱繋《つな》ぎ技法《ぎほう》にあまりにもそっくりでした。

ブータンの巨大建築は日本と同様、釘《くぎ》一本も使わず、ホゾや木組みだけで信じられないような、岡山城《おかやまじょう》よりもはるかに大きな建造物《けんぞうぶつ》を作ってき

ブータンの巨大ゾンで使われていた柱接続《せつぞく》十字目地技法（凹凸）

重文吉川八幡宮の十字目地技法（凹凸）

たのです。この柱の継ぎ方は本当に偶然《ぐうぜん》の一致《いっち》なのでしょうか。

## ブータンの文化と日本

ブータン人は一昔前の日本的な涼《すず》しげで清らかな顔をしています。食べるものも生活習慣《しゅうかん》も驚くほど似《に》ているのです。日本人も昔は彼《かれ》らのようなさわやかさをしていたのです。服装《ふくそう》はほとんど全員、女性は「キラ」という、男性は「ゴウ」、少し前まで日本人が着ていた寝巻《ねま》きのような着物です。私たちが小さい頃は普段《ふだん》屋外でもこれを着て遊んでいた記憶《きおく》があります。

日本人そっくりで、日本人以上にさわやかな若者《わかもの》たち

小学校など訪問すると子供《こども》がワーッと寄《よ》ってくるのですが、遠い過去《かこ》の自分に出会っているような気持ちになっていくのでした。

絹製《きぬせい》で四周を圧倒《あっとう》するタテヨコそれぞれ20メートルほどある、世界最大の曼《まん》陀羅《だら》が1年を通してたった一日だけ、それも午前3時から陽射《ひざ》しがきつくならない時刻《じこく》まで大きな広場を有する巨大寺院建築の外壁《がいへき》に懸《か》けられて開帳されます。その前では人間が豆《まめ》粒《つぶ》のように見えてしまいます。

曼陀羅は理屈《りくつ》ではありません。その前では地獄《じごく》も、極楽《ごくらく》も、宇宙《うちゅう》も、取《と》り巻《ま》く自然も、そして自分の存在《そんざい》さえも、ごった返す雑踏《ざっとう》も一体なのです。博物館でガラス越《ご》しに両界曼陀羅を、いくらこれは「胎蔵界《たいぞうかい》」で慈《じ》悲《ひ》の世界を示《しめ》し、こちらは「金剛界《こんごうかい》」で知恵《ちえ》の世界を表現《ひょうげん》していますと説明しても、生きる根源的《こんげんてき》理屈を唱えても、所詮《しょせん》それは見たこともないものを頭だけで理解させようとしているから、なかなか理解し難《がた》いものとして終わるのが普通《ふつう》です。別に生命に別状《べつじょう》はないしで、お寺で見るのでない限《かぎ》り、「ああそう」になってしまう、上滑《うわすべ》りのわびしさがあるのです。学びや教育は体験的なものが薄《うす》れていけばいくほど、受け取る側の心の中に染《し》みこまない恐《おそ》ろしさがあるのです。実体験、実物の持つ力に及《およ》ぶものはないのです。

ところで、弘法大師がわが国に真言密教を招来《しょうらい》した頃のままの仏教が残っているブータンでは、仏《ほとけ》の魂《たましい》と出会うために、何日もかけてはるばるその一日のほんの限られた時間の御開帳《ごかいちょう》を目指して、びっくりするほどの人たちが、何かの縁《えん》に導《みちび》かれるように遠く離《はな》れた地方からここにほとんど歩いて集まってくるのです。

大法会《だいほうえ》の日を挟《はさ》んで1週間ほどは、冥界《めいかい》の裁《さば》きを中心にした大スペクタクルが、荘厳《そうごん》な音色を出す長大なホルンやデンデン太鼓《だいこ》の「ポポンポポン」というリズムの中で演《えん》じられるのです。

見入っている老若男女《ろうにゃくなんにょ》の方を振《ふ》り向《む》くと、自分の小ささと生きている尊《とうと》さと、あらねばならない人間としての原点を肌《はだ》で感じているようでもありました。曼陀羅理解は理屈で入ってはいけないなということを私はこの巨大曼陀羅の前で知ったのです。

何と何と、天国行きか地獄行きかの冥界の裁きの最終決定は、閻魔《えんま》様よりさらに偉《えら》い冥界の大王が、またこの世では黙《だま》って物言わぬはずの色々の動物たちが娑婆《しゃば》で受けたその人物の所業について見てきた通りの報告《ほうこく》をするのです。

冥界の大王はそれに基《もと》づいて天国行きか、地獄行きかの最終的裁きを下すのです。観音様はそれでもまだ罪人《ざいにん》を救おうと罪《つみ》を犯《おか》した者の、直《す》ぐ隣《となり》に立っているのですが、悪業を重ねた人には、すがろうにもその姿《すがた》が見えないことを参加者に見せるのです。

例えばそうした時の、動物からのメッセージや踊《おど》りは、日本の岩手県遠野《とおの》から宮城県《みやぎけん》の一部にある鹿踊《ししおどり》と余《あま》りにも似ているのです。どちらも仮面《かめん》、風俗《ふうぞく》はもちろん、飛《と》び跳《は》ねて身にまとった幕《まく》をひるがえすのもピッタリ同じです。この時の「しし」とは生きとし生けるもの全体を指しているのです。

地元それぞれの土地に伝わってい

冥界《めいかい》の舞《まい》

る、人間の生きる上で大切で必要なバックボーンのぎっしり詰《つ》まった民《みん》俗芸能《ぞくげいのう》が、合間に挿入《そうにゅう》されて延々《えんえん》と

鹿踊り

一般《いっぱん》農民によって演じられていくのです。もともと日本全国津々浦々《つつうらうら》の伝統《でんとう》芸能の全ては、そこに住んでいる人が、未来永劫《えいごう》生《い》き延《の》びるためには何かを、生き方の中に連帯的に刻《きざ》んでおかなければならないかを示したものであったはずです。現代《げんだい》日本は、地方の人口流失と農村崩壊《ほうかい》でその根源部分が最も傷《いた》んでいるのです。

すぐまたその巨大曼陀羅は取り外して仕舞《しま》われるのですが、圧倒的大きさの曼陀羅は社会や、生きることや、地獄極楽、善悪《ぜんあく》、時間、宇宙、それらすべての象徴《しょうちょう》であり、原点であるということが、見ていて理屈抜《ぬ》きに分かるから不思議なのです。博物館で曼陀羅を見ても決してそうはいかないのは、それは人間が自然や宇宙の一部であるとの考えから自分中心になっているからかもしれないと思えたのです。

世界最大の曼陀羅

「分かっている」と簡単《かんたん》に言ったり、思ったりしているのは、心揺《ゆ》さぶられる大きな実体験が無ければ無いほど、空虚《くうきょ》な言葉かも知れません。われわれはバーチャルリアリティーに慣れ、身体で直《じか》に覚えることの大切さを今忘れているのかも知れません。

# バタン島と日本の弦付大鋸

ばたんとうとにほんのつるつきおが

■バタンはフィリピンと台湾の間のバシー海峡にある絶海の孤島

## 中世の寺院建築でも使われた道具 東南アジアなどで今も現役で活躍

日本に弦付大鋸《つるつきおが》が入り、そして消えて相当に久《ひさ》しい。近世初頭に雁胴《がんどう》鋸《のこ》が発明されて、工芸職人《しょくにん》が使う超《ちょう》小型《こがた》のものは別として、弦付大鋸はなくなりました。主としてこの弦付鋸《のこ》が鎌倉《かまくら》〜室町《むろまち》時代頃《ごろ》は使われていたことは各種の縁起絵巻《えんぎえまき》、職人尽絵《しょくにんづくしえ》などから知ることができます。誠《まこと》に管見《かんけん》ではありますが探《さが》してみたところでは、13世紀末の仏画《ぶつが》としての地《じ》獄絵《ごくえ》にすでに描《えが》かれています。しかし絵そのものが外国からの舶来品《はくらいひん》ないしそれを写したものであったりもするので、日本の弦付大鋸がはっきりと、どこの国から、いつ導入《どうにゅう》されたかは分かっていません。

私《わたし》がこれまで調べただけでも、国外ではバタン諸島《しょとう》、中国、韓国《かんこく》、バリ島東部アグン山近辺、ネパール、ブータン、スペインのバスク地方、フランスのペリー地方、ルーマニアの黒海地方ドナウ川流域《りゅういき》、アフガニスタン、そしてモンゴルにもあります。またこれらの国々では大小様々の弦付鋸タイプが今なお実用の鋸《のこ》として使われているのです。これだけ広い範囲《はんい》に分布しているのですから、日本の弦付大鋸は日本独自《どくじ》のものではなく、外国から導入されたものです。

ヨーロッパでは、今日に伝わる絵画から見ても、日本より古く10世紀には弦付鋸が絵画に描かれています。11世紀初頭の県内にある中国絵画にもあります。

前述《ぜんじゅつ》したようにバタン島の柱作りは土に埋《う》める部分は丸太でも、柱の上部は立派《りっぱ》に四角です。そのような柱を作る場合には弦付大鋸がピッタリなのです。部屋の仕切り、建物全体がねじれるのを防《ふせ》ぐ上で、必ずしも地面から上は丸い柱ではなかったのではないかという問題提起《ていき》をこれ

弦付大鋸で丸太から板を作っているところ（バタン）

まで示《しめ》してきました。

今回はそのような柱を弦付大鋸での柱作りを見て、また自分の手で弦付大鋸を使用する極《きわ》めて貴重《きちょう》な体験をした話をします。この島の弦付大鋸の長さは2メートル、歯数は56個《こ》あり、2人で1本の鋸を向かい合って押《お》したり、引いたりして使うのです。

押す時には力は全く必要ありません。それは押す時は相手が引いているからです。お互《たが》いに挽《ひ》く一方の鋸ともいえます。2メートルの鋸は真ん中から歯の向きが二手に分かれているから、鋸の往復《おうふく》運動は、引きの時負荷《ふか》がかかって切れ、次に相手が引き始め、相手側負荷となり、その時はこちら側は、相手が引《ひ》っ張《ぱ》り始める位置まで合わせるだけです。

弦付大鋸とは少し異《こと》なる弦無し大鋸の場合も、挽き方の理屈《りくつ》はほぼ同じです。そしてこの島ではどちらも同時に目撃《もくげき》しました。もちろんこの弦のない大鋸もかつて日本にもあった鋸です。弦無し大鋸は2人で挽くことは同じですが、緊張弦《きんちょうげん》を持たないために鋸が細いと、また使い方が悪いと折れやすいので、鋸の身幅《みはば》が弦付大鋸よりはるかに広く、そして厚《あつ》くしています。

弦無し大鋸は緊張弦がないため、どのような大きな物でも切れますが、素材《そざい》としての鉄がたくさん必要となることと、カーブ状《じょう》に切れないことなどの制約《せいやく》があります。

それに比《くら》べて弦付大鋸は鋸の身幅が狭《せま》く軽いのにピンと緊張しているため、長さ2メートルの鋸でも身幅が1センチ以下に摩滅《まめつ》するまで使えるという力学的、経済的耐久力《けいざいてきたいきゅうりょく》があるのです。

また身幅が細いため糸鋸《いとのこ》のように船板特有のカーブを持たせて切ったりすることも簡単《かんたん》です。

## かつて日本にあった鋸引きを疑似体験

バタン島ではどの集落でも2人で材木をこうした鋸で挽き切っている光景に出くわしました。海賊《かいぞく》スタイルの鉢巻《はちまき》を着けた少年2人が、大きく足を踏《ふ》ん張《ば》って4メートルくらいの木から板や柱を作っている場面でのことでした。2人の若者《わかもの》は日焼けした顔から汗《あせ》をいっぱい流して鋸挽きをやっていましたが、私が見ていると恥《は》ずかしそうにスピードを緩《ゆる》め、そして休んでしまいました。

これはチャンスとばかりに「ちょっと私にやらせて欲《ほ》しい」と、私が申《もう》し込《こ》んだところ、頭をちょこんと上に振《ふ》るこの島の独特《どくとく》のポーズで、「ウンいいよ」とうなずいて、1人が緊張弦で鋸をピンと引っ張り、よく使《つか》い込《こ》んで黒光りする滑《なめ》らかな手木《てぎ》、つまりハンドルを私に渡《わた》して退《しりぞ》いてくれたではありませんか。

かくして私は、思いがけもなく中世さながらの貴重な体験学習をさせてもらうことになりました。私はその時代の人間に変身してしまいました。

今度は立場が逆転《ぎゃくてん》してこちらが注《ちゅう》視《し》の的になりました。弦で張られたこの細い鋸を折ったら、鋸の修理代《しゅうりだい》はここでは一体彼らの何カ月分の賃《ちん》金《ぎん》になるのであろうか、見当もつきません。

少し不安と照れくささがよぎり、「もし折れたら、これは大変なことになるぞ、感覚を知る程度《ていど》で止めよう」と思い、へっぴり腰《ごし》で数回往復してすぐ少年と交代したのです。

彼《かれ》らは優越感《ゆうえつかん》と誇《ほこ》りを取りもどし、再《ふたた》び一生懸命《いっしょうけんめい》に模範演技《もはんえんぎ》を披露《ひろう》して見せてくれました。

こうして私は、一瞬《いっしゅん》でしたが鎌倉時代や室町時代のにぎやかな寺院建築の現場《げんば》に瞬間《しゅんかん》ワープしたのでした。頭の中の絵巻から弦付大鋸を挽く心《ここ》地《ち》良い響《ひび》きが現実《げんじつ》と交差して、聞こえてくるようでした。

■**編著者略歴**

**臼井 洋輔** (うすい ようすけ)

1942年岡山県玉野市生まれ。岡山大学法文学部卒業、岡山大学大学院博士課程修了(文学博士)。高等学校教諭、岡山県立博物館学芸員、岡山県教育庁文化課課長代理、岡山県立博物館副館長を経て2013年まで吉備国際大学文化財学部教授。この間、同大学文化財総合研究センター長、同大学図書館館長、岡山大学、岡山県立大学、倉敷芸術科学大学、福山大学等非常勤講師など歴任。日本考古学協会会員、日甲研岡山県支部長、岡山県文化振興審議会会長、岡山県文化財保護協会理事、岡山県郷土文化財団評議員、林原美術館評議員、その他市町村文化財保護審議会委員など。

主な単著は『正阿弥勝義の世界』『バタン漂流記』『岡山の文化財』『岡山の宝箱』『謎を秘めた古代ビーズ再現』『文化探検岡山の甲冑』『おかやまの文化財〔工芸・史跡〕』など18冊。

共著は、『角川日本地名大辞典』(角川書店)、『岡山県大百科事典』『岡山県歴史人物事典』(山陽新聞社)、『日本陶磁器大辞典』など約30冊。

論文は『甲冑における鉄小札の配列についての一考察』『水の子岩海底出土棒状石材についての一考察』『赤韋威大鎧の研究』『妙覚寺世界図屏風の研究』『餘慶寺梵鐘に関する一考察』『特殊器台の透かし文様の起源に関する研究』『一遍上人聖絵(福岡の市)解析』『施帯文石展開図作成と考察』など100編以上。

「黒正賞」受賞(岡山大学　1968.3.25)／「福武文化賞」受賞(福武教育文化振興財団　2004.7.2)／「岡山出版文化賞佳作」受賞(日本文教出版　2005.8.10)／「加計勉賞」受賞(吉備国際大学　2006.3.11)／「山陽新聞賞(文化功労)」受賞(山陽新聞社　2014.1.9)／「岡山県文化賞」受賞(岡山県　2015.2.16)

**おかやまの文化財　建築**

2017年5月26日　初版第1刷発行

著　者――臼井洋輔
発行所――吉備人出版
〒700-0823　岡山市北区丸の内2丁目11-22
電話 086-235-3456　ファクス 086-234-3210
振替 01250-9-14467
メール books@kibito.co.jp
ホームページ http://www.kibito.co.jp/
印刷所――サンコー印刷株式会社
製本所――日宝綜合製本株式会社


ISBN978-4-86069-503-3 C0020
本書の制作費の一部に、公益財団法人福武教育文化振興財団の助成金を充てています。